決算書3分速読から見つける

ときどき 50倍株 10倍株

2年で資産を17.5倍に増やした
元証券マンの投資術

元証券マンの個人投資家
かぶカブキ

JN017675

KADOKAWA

はじめに

「株で大儲けするなんて、特別な才能がないと無理なのかも」
「自分は向いていないかもしれない」
「個別株は失敗してばかりだから、おとなしくインデックス投資にしておくべきなんだろうか」

そんな思いが脳裏をよぎりながらも、あきらめきれずにこの本を手に取ってくださった方もいるのではないでしょうか。

振り返ってみれば、僕自身も何年もそんな思いを抱えながら、それでもあきらめきれずに個別株投資の研究を続けてきました。何をやっても成果が見えない日々が続き、何の努力をすべきなのかもよくわからないまま迷走し、結果を出せる日は永遠に来ないかもしれないと、くじけそうになったこともありました。

僕は大学時代に株を学び始めた個人投資家です。証券会社で株取引をするディーラーと、証券営業を担った経験もあり、これまで15年間、株式投資に向き合ってきました。始めたばかりのころは安易な投資で大損を重ねたばかりか、友人に貸した大金を持ち逃げされた苦い経験もあり、食うに困るほど困窮したこともありました。

それでも、**株で勝つためには何をすべきかがわかってからは、大きく負けることがなくなりました。**そして、投資した銘柄が大きく値上がりするようになり、株価が60倍以上になった銘柄もつかむことができました。**94万円の自己資金は1年で4.3倍、2年で17.5倍**になり、ありがたいことに今も増え続けています（右図）。

資産を減らす一方だった当時の自分のトレードを思い出すと恥ずかしい気持ちになりますが、途方もなく長かったあの紆余曲折は、今となっては無駄ではなかったのだと思えるようになりました。

以前IT関連企業に勤めていたときには部下に対して、数字の分析や改善策を指導していたので、「個別株でうまく資産を増やす方法論」をわかりやすく言語化することには自信があります。そこで、金融リテラシーに乏しく騙されやすい人間だった昔の自分に教えるつもりでTwitterを通した情報発信を始めました。

　株式投資には、センスや才能はあったほうがいいですが、なくても大丈夫です。「やってはいけないこと」と「やるべきこと」を徹底すれば、必ず勝てるようになります。いきなり大儲けできるわけではありませんが、**正しい努力を地道に継続していれば、必ずうまくなります。**しかも、その効率は年々良くなり、資産が増えるスピードが加速していきます。気がついたときには、保有している銘柄の含み益がビックリするほど大きくなっている、という状態が当たり前になってくるのです。

　本書ではそんな状況を実現するための、具体的な方法を紹介しています。ちょっと面倒さはあるけれど、**誰でもできる方法**です。株式投資でうまくいかずに悩んでいる人に、本書が成績を大きく向上させる転機になることができれば、これほど嬉しいことはありません。

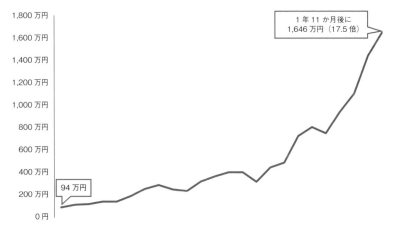

かぶカブキの資産推移

1年11か月後に
1,646万円（17.5倍）

94万円

目次

第3章　専門的な知識ゼロでも10倍株を見つける 「ショートカット投資術」

・・・・・・・・・・・・・・・・・・・・・・・・・

第4章　大化け株はこうやって見つける 〜ケーススタディ〜

・・・・・・・・・・・・・・・・・・・・・・・・・

第5章　高配当と株価成長の両方が手に入る 「欲張り株」の見つけ方

第6章　「高配当×株価成長」銘柄の紹介

第7章　投資家なら絶対に知っておきたい 「次にくるトレンド」と注目銘柄

●本書の内容の多くは、2023年2月時点の情報に基づいています。
●本書刊行後に法律や制度、各社サービスの内容が変更される可能性があります。予めご了承ください。
●金融サービスや金融商品の詳細については、各金融機関にお問い合わせください。
●本書は著者個人の経験や分析であり、いかなる見解や意見も、読者に利益を保証するものではありません。読者に損害が生じても、著者および出版社はいかなる責任も負いません。取引銘柄の選択、売買価格等の判断はご自身の責任で行ってください。

装丁：井上新八
イラスト：松尾達
DTP制作、図版制作：株式会社キャップス
画面提供：マネックス証券、楽天証券（iSPEED®）、SBI証券、
　　　　　TradingView
校正：鷗来堂
編集協力：森田悦子
編集：金城麻紀

第 1 章

一文無しになりかけた
僕がしていた、
投資で「必ず負ける」
NG行動

ストップ高銘柄がまさかのストップ安に

僕が初めて株式投資に触れたのは、学生時代のことでした。「デモトレードで株式投資を体験してみよう」という内容の講義を受けて試してみたのをきっかけに、デモトレードではなくリアルでも投資してみたくなったのです。

そのときに初めて買った銘柄が、当時、不祥事で頻繁にニュースに登場し、株式市場でも激しく売られていた**三菱自動車**でした。安くなっているところを買えばそのうち上がるだろうという単純な理由でしたが、そのときはそれ以上に興味を惹かれることもなく、買ったこともすぐ忘れてしまっていました。

数年経ってから、思い出したように株価を確認してみても、買ったときとさほど変わっていませんでした。株なんてたいして儲からないんだな、とそのまま興味を失ってしまったのを覚えています。

大学を卒業してからは、IT関連企業に就職し、営業を担うようになりました。そのときの関連企業の先輩との雑談の中で、「知り合いに株で大儲けしているすごい投資家がいて、その人が勧める銘柄が上がるんだよ」という話を聞いて、株式投資に対する興味が再燃しました。

そんなすごい人が身近にいるなら、乗らない手はありません。さっそく翌朝、放置していた証券口座に久しぶりにログインして、教えてもらった銘柄を検索してみると、なんとその銘柄はストップ高をつけていました。

ストップ高とは、買いたい人が多すぎて値段がついていない状態のことです。これなら株価はどんどん上昇していくに違いない、と思った僕は、当時の全財産だった200万円で買えるだけの注文を

出しておきました。

　午後の休憩時間、ワクワクしながら口座を確認したところ、注文は成立したようで、その銘柄を買えていました。ところが、株価は予想もしない事態になっていました。朝に確認したときはストップ高だったはずが、なんとストップ安になっていたのです。

　ストップ安とは、1日の値幅制限の下限まで下落している状態のことです。売りたい人が多すぎる状態を放置するととんでもない暴落になるため、それを防ぐために設けた制限に、見事にひっかかっていたのです。

　この信じがたい事態に僕は茫然自失で、足がガクガクと震えるのを感じました。朝にストップ高の大人気状態で買ったはずの銘柄が、わずか半日で投げ売りされているなんて、いったいどういうことなのでしょうか。それでも、目の前の画面では確かにそう表示されています。

　結局、**仕事でこつこつ貯めた200万円は、わずか1日で120万円まで減ってしまいました。**

　新入社員だった当時の僕の給料は、生活していくのがやっとの水準です。毎日必死で働いて稼ぐ給料の4か月分近い金額を1日で失った僕は、**人生が終わったかのようなショック**を受けてしばらく立ち直れず、文句を言い続けるような状態になりました。

3か月で資金を3倍にしたリベンジトレード

　それでも僕は懲りませんでした。初めて買った三菱自動車の株価はあまり動かなかったけれど、銘柄によってはわずか1日の間でこんなに動くということを知ったからです。

　そんなに激しく変動するなら、その動きにうまく乗ることができ

れば、あの痛い損失を取り返せるのではないかと考えました。大損した例の銘柄だって、朝にストップ高になっていたのは事実であり、前日に買っていればとんでもない利益を出せたはずなのです。

そこで、関連企業の先輩に頼んでその投資家を紹介してもらい、実際に会うことができました。そして残っていた資金120万円をそのときに教えてもらった銘柄に投じたのです。このチャンスをより大きな利益につなげようと、信用取引にもチャレンジしました。**信用取引**とは、持っている資金の3倍ほどの取引ができるしくみです。うまくいけば儲けを3倍にすることができますが、予想が外れると損失も3倍になってしまいます。

この銘柄はストップ高とは行きませんでしたが、期待通り順調に株価を上げていきました。3か月後はなんと、評価額は資金の3倍の360万円になり、ここで利益確定しました。こんなに短期間に資金を増やせるなんて、やっぱり株はすごい。この調子で続けていけば億万長者も夢じゃない、と眠れなくなるほど興奮しました。**株式投資が秘めている大きな可能性をひしひしと感じて、このまま資金を投じていく価値は大きいと確信した**のです。

友人に貸した1,000万円が返ってこない

120万円だった資金は、あっという間に1,000万円を超えました。別に株や経済の勉強をしたわけではなく、例の投資家に聞いた銘柄や、なんとなく良さそうと感じて投資した銘柄が、ことごとく当たったのです。今振り返れば、まさにビギナーズラックだったのだと思えますが、当時の僕は自分には株の才能がある、これで生きていけると思い込んで、すっかり調子に乗っていました。

そんなとき、ある友人が「事業を始めるから1,000万円を貸して

ほしい」と頼んできました。今思えば、そんな大金を貸すなんてどうかしていたと思うのですが、その友人は「年間で20%の金利を払うから頼む」と頭を下げてきたのです。

それまでは調子よく1,000万円を超える資金を作ってきた僕でしたが、ビギナーズラックが尽きてきたのでしょう。買った銘柄が期待通りに上昇しないという事態に直面するようになっていました。「きっと今はスランプなんだろう。調子が戻るまでの間は株取引を休んで、友人に貸して金利収入を得るほうが得なんじゃないか」と感じたのです。そこで、借用書を作って契約を交わし、株の利益で得た1,000万円を渡しました。

しかし、**約束の期限になっても、彼はお金を返すどころか連絡もしてきません。**僕は死ぬほど後悔し、簡単に貸す判断を下してしまった過去の自分を恨みました。あの1,000万円を元手に株式投資を続けていたら、今ごろ1億円になっていたかもしれないのに、そのチャンスをあきらめてまで貸したのに……。

こちらから再三再四、連絡をしてもなしのつぶて。手元に借用書はあるけれど、何の役にも立ちませんでした。これじゃあ泥棒じゃないか、最初から返す気がないのに借りたのなら詐欺じゃないか、と怒りに震えましたが、取り返す手立てはありません。裁判を起こして勝訴しましたが、法律で勝訴しても取り立ては自分がやらないといけません。そんなことをやっている時間も費用もエネルギーも、当時の僕にはありませんでした。

結局、僕は再び、大金を失うことになりました。前回は80万円の損失で人生終わったと思いましたが、1,000万円を失ったときの絶望感は比較にならないほど凄まじく、またコツコツ貯金から始めないといけないのか……と悲嘆に暮れたのを覚えています。

基本給ゼロで、証券会社のディーラーに転身

当然ながら、株式投資を再開するお金などありません。株の資金を作るため、仕事と貯金に励もうとしましたが、「この仕事は本当に自分がやりたいことなのかな」と疑問に感じるようになり、仕事にも身が入らなくなってきました。

自分の中でそんなモヤモヤがどんどん募っていった結果、僕はついに会社を辞めることを決めました。次の仕事のアテもないまま会社を飛び出して、しばらくフラフラしていました。

今思えば、いわゆる自分探しをしていたのでしょう。考えれば考えるほど、やっぱり自分がやりたいのは株だ、もう一度株式投資に挑戦したい、と強く思うようになりました。

しかし、投資を再開するだけの資金はありません。1,000万円を失ってから貯金を頑張ったので多少の蓄えはできましたが、無収入である以上それを使うと生活できなくなってしまいます。そこで、株取引を仕事にできないか、株ができる職業はないかと思い立ち、リサーチを始めました。

そこで知ったのが、**金融機関のディーラーという職業**です。ディーラーは、企業の資金を使って株式や債券、為替などを売買するプロのことです。要は**勤めている企業のために投資で利益を出す仕事**です。

金融機関は有名大学から新卒で入社する人が多いイメージだったので、未経験で採用されるチャンスなどないかもしれないと思いましたが、よく探してみると、とある証券会社が求人を出しているのを発見しました。しかも、ディーラーとしての業務経験がなくても応募できるというのです。

僕はさっそくその証券会社に応募し、120万円を1,000万円にした実績をアピールした結果、見事採用されたのです。

　しかし、うまい話はないもので、高給が約束されたわけではありません。僕は正社員として採用されたのではなく、業務委託という立場でした。株取引で出した利益の一定割合を報酬として受け取る完全歩合制で、**利益を出さなければ1円ももらえない**しくみです。しかも、累積の損失が200万円を超えると、その時点で契約は打ち切りとなり、仕事ができなくなるというシビアな立場におかれていました。

　それでも、ディーラー経験のない僕がチャンスをもらえたのですから、それはありがたく、とにかく頑張ろうという気持ちでした。自信があったわけではないですが、勉強しながらもしかしたらお金ももらえるかもと思い、ディーラーとして働くことにしました。

投資のプロになったはずが、誰よりもヘタレだった

　僕はその証券会社のディーラーとして、日本の個別株のデイトレード（その日のうちに売買を終わらせる取引）を担うことになりました。

　株式市場は9時にオープンするので、8時ごろには出勤して深夜の海外市場の状況やその日の株式市場の見通しについて下調べをし、9時に取引をスタートさせます。11時半から12時半までは株式市場も昼休みなので、ディーラーもその時間は休憩です。株式市場が再開する12時半に午後の取引をスタートし、15時に市場がクローズしたらその日の取引は終わりです。その後は、残って勉強や調査をしてもいいし、さっさと帰ってもいいし、完全に自由でした。

　必ずその日のうちに取引を終えて、翌日には絶対に持ち越さない

というルールさえ守れば、何にいつどう投資するかについても、すべてディーラー個人の裁量に任されていました。

　ほかにもディーラーは10人以上いましたが、僕は入社時から常に成績がワースト1位でした。ロスカットが200万円に達するとクビになってしまうのに一向に利益を出すことができず、ロスカットの額がどんどん積み上がっていきます。いよいよ120万円を超えてくるとさすがに怖くなり、取引額を小さくしてチビチビとトレードするようになりました。

　なんとかして巻き返さなければ、と焦った僕は、毎日遅くまで会社に残ってTwitterをパトロールしたり、翌日の有望そうな材料を調べたり、チャート分析の勉強をしたりしていました。しかし、そんな努力もむなしく、成績が改善することはありませんでした。

　同僚同士で情報交換するような空気もあり、デイトレのやり方を優しく教えてくれる先輩もいましたが全然同じようにはできませんでした。僕の成績は改善の兆しもないままジリジリとロスカット額が積み上がり、**結局5か月でこの職場を追われることになりました。**

　それでも、僕はあきらめられませんでした。今の自分が下手なだけで、必勝法はどこかにきっとあると信じていたのです。最初の証券会社との契約を切られてからも、懲りずにまた別の証券会社に応募して、なんとかディーラーとして採用してもらいました。

　しかし、結果は同じでした。その会社は出した利益と連動する歩合給に加えて、基本給として最低限月15万円が出る企業でした。しかし成績が悪いので基本給以上の収入は得られず、わずかな貯金を取り崩す生活を強いられました。通勤のバス代さえケチって歩くような節約をする日々が続きました。

失敗していた投資手法4選

プロのディーラーともなれば、個人投資家とはまったく違う情報を得て、個人投資家にはできない手法を駆使しているのでは、と思う人もいるかもしれません。昔のことはわかりませんが、今はインターネットで誰でも瞬時に世界中の情報を得られる時代ですから、獲得できる情報にさほど大きな差はありません。ましてや、取引はすべてディーラー個人の裁量に任されていたので、僕は懲りもせずに個人投資家と同じようなトレードを続けていました。

負け続けだったディーラー時代のトレードを振り返ると、完全な負けパターンができあがっていたような気がします。それも、多くの勝てない個人投資家が陥りがちな典型的な負けパターンです。

せっかくなのでここで、僕の負けが込んだ投資手法を紹介します。**絶対にマネをしないよう、反面教師として活用してください。**

1. Twitterイナゴトレード

Twitterで有名な投資アカウントがつぶやく銘柄を、そのまま買うトレードです。インフルエンサーのつぶやきに多くの投資家がイナゴのように飛びついて急騰した銘柄は、まもなく急落します。このときの株価チャートは高く細い塔のような形になるので、それが「イナゴタワー」と言われているほどです。

そのプロセスは極めて単純で、有名なアカウントがAという銘柄について言及しているのを発見すると、すぐにその銘柄のチャートを確認します。たいてい、ものすごいスピードで上昇しており、「有名な投資インフルエンサーが言及するぐらいだからきっと抜群に良い銘柄に違いない」と、そのまま目をつぶって買ってしまうのです。

おそらくそのインフルエンサーが投稿するタイミングが、天井圏なのでしょう。投資してからしばらく経つと、それまでの急騰が嘘のように急落に転じるのが常でした。ついさっきまで含み益があったはずなのに、あっという間に含み損が拡大していきます。慌てて損切りする羽目に追い込まれた結果、自分が勝手に飛びついただけなのに、インフルエンサーに騙されたような腹だたしい気持ちになるのです。

　しかも、損切りした後やわずかな利益で売却した後で、それをあざ笑うかのように急上昇を始めることも日常茶飯事でした。「損切りせずに持っていれば爆益だったじゃないか……」と絶望することもあり、だからこそ、すぐにはやめることができませんでした。そして、懲りずにまた飛びついて、急落に遭い、怖くなってぶん投げるという往復ビンタを食らい続けるのです。

　終わってみれば、わずか数十分の間に自分はどれだけハラハラさせられ、損を出したのかと思うと、徒労感でいっぱいになります。こうした取引は続けるほどに資金が減っていくので、さすがに長くは続けられず早々に足を洗いました。**根拠のない情報に飛びついて、恐怖と欲望のままに取引するイナゴトレードは、まさに最悪のトレード**であることを学んだのです。

2. チャートにらめっこデイトレ手法

　根拠がわからない情報に踊らされるのではなく、確かな情報をもとにトレードしなければならないと思うようになって始めたのが、チャート分析です。チャートは一定期間の株価をグラフ化したもので、過去の株価の推移から値動きのパターンや傾向を知ることができます。こうした客観的な情報を活用すれば、買い時や売り時を的確に判断できるのではないかと考えたのです。特に僕が手がけてい

たデイトレードは、企業の業績よりも値動きそのものを見て判断することが求められるので、チャート分析は理にかなっているように思えました。

そこで、チャートのしくみやチャートパターン、テクニカル指標を一生懸命学びました。そして、デイトレードに向く5分足など短い足のチャートを凝視しながら、値動きの方向が転換するサインが出たらすぐに買いをいれるというトレードにチャレンジしたのです。

ところが、買いシグナルが出た瞬間に買っているはずなのに、なぜか急落し、損切りさせられることが続きました。チャートの理論通りに株価が動かない現象を「ダマシ」といいますが、まさにダマシにやられっぱなしでした。こうして、文字通りチャートに騙され続けた結果、自分には、**誰がいつ売るか、どこで買うかを正確に予想するなんて不可能**だと悟りました。

3. 材料が出た瞬間飛び乗る手法

金融ニュースや企業が公表するリリースに目を光らせて、株価を動かすニュース（材料）が出た瞬間に飛び乗るという手法も試しました。

たとえば、上場まもない新興企業が、大企業と業務提携するというニュースが発表されたとします。新興企業にとってはブランド力を持つ大企業と手を結んでビジネスができるのは大きなメリットで、業績への好影響が期待されます。実際に、こうした良いニュースが出ると株価が急上昇するパターンはよく見られます。

そこでこうしたニュースが出たら即、買いをいれるのですが、上昇する速度が速すぎて結局買い注文が成立するのはある程度上がってからになってしまいます。しかも、そのニュースがどの程度業績

に影響するのかを考える時間もないままとりあえず飛びつくので、どのぐらいまで株価が上がるのかも見当がつかず、利益確定のめどもわかりません。

　現実に、よくわからないまま飛びつくトレーダーも多いようで、いったんは上昇してもその勢いは続かずすぐに下落に転じることもよくありました。

　その材料にどの程度の価値があるのかを判断できないまま、とりあえず飛びつくというのではイナゴトレードとさほど変わりません。 この方法でも、やっぱり勝つことはできませんでした。

4. 決算持ち越し手法

　株価が急上昇するタイミングの典型例は、決算発表です。決算は上場企業が3か月（四半期）ごとに公表する業績の通知表のようなもので、その内容が投資家の期待を上回れば株価が上がり、期待ハズレに終わると下落します。

　好決算のニュースが出てからでは遅いと思った僕は、良い決算が出るのでは、と思った銘柄を決算発表の前に買って、良い決算が出るのを祈っていました。これはいわゆる「決算またぎプレイ」と言われる手法で、**まさにギャンブル**です。良い決算が出れば利益が出ますが、投資家の期待を大きく下回る決算が出ると悲惨です。予期せぬクソ決算を食らってストップ安が続き、売りたくても売れないという経験もしました。**決算またぎはハイリスクハイリターンで、コントロールもできない**ので、まともな投資手法とはいえないと痛感しました。

株取引には「必ず負ける行動」がある

　負け続けていたときにやっていたこれらの手法は、それぞれはま

ったく別の手法に見えますが、いくつもの共通点がありました。ここで紹介した４つの手法以外でも、この共通点にあてはまっている手法は、勝てない手法である可能性が高いと思います。その負ける手法の共通点は、以下の８つです。

1. 誰かの意見を信じて買う
2. 自分で深く調べることなく買う
3. チャート（値動き）のシグナルだけで売買する
4. 爆上げしている銘柄についていこうとする
5. 材料がすごそうな雰囲気だから買う
6. 利が乗っても売り時がわからず、フィーリングで利益確定する
7. 買いも売りもあらゆる意思決定が焦っている
8. 上がっている銘柄は欲しくなり、下がっている銘柄には関心が向かない

　いずれも根底には、誰かを頼ろうという考えや、自分で理解しないままに投資判断しようとする姿勢があります。こうした姿勢でいる限りいずれ必ず大きな失敗をします。しかし、株は究極的には上がるか下がるかの二択なので、間違った手法でもたまたま大儲けできることがあるのが怖いところです。

　僕も過去に人に教えてもらった銘柄を買って資金を３倍にするという成功体験があったために、この当たり前の事実に気づくのが大幅に遅れ、無駄な時間と損失を重ねることになってしまいました。

持ち前のコミュ力を評価され、証券営業に転身

　僕自身はディーラーとしてトレードで結果を出すことにこだわり

続けていましたが、それができない以上は、いつまでも続けさせて
もらうことはできませんでした。トレーダーとしては完全にダメ人
材のレッテルを貼られたものの、2社目の証券会社では持ち前の人
当たりの良さを評価してくれたようで、証券営業をやってみないか
と誘われました。

　営業への異動を受け入れるか、退職するかの選択を迫られた僕は、
貯金が尽きたこともあって営業にチャレンジすることを決意しまし
た。

　よく考えれば、トレーダーほどではないにしろ、証券営業も悪い
仕事ではありません。普通の会社員なら仕事中に相場を見てばかり
いたらクビになるかもしれませんが、証券マンなら堂々と株価を見
ていることができます。もうディーラーのように自分自身でトレー
ドはできないけれど、顧客である個人投資家に銘柄を提案したり、
売買タイミングのアドバイスをしたりすることができるので、間接
的にトレードができる仕事と言っても過言ではありません。僕は営
業の仕事に移ってからも、あきらめることなく株の勉強を続けまし
た。

　間接的にトレードを継続できる以外にも、証券営業の仕事には予
想外の収穫がありました。**顧客である個人投資家の投資手法や姿勢、
考え方に触れるうちに、勝っている投資家と負けている投資家で何
が違うのかがはっきりと見えてきた**のです。

　当時の僕は、コツコツと株の勉強を続けて勝つ方法を探しながら
も、もしかしたら相場は生まれ持ったセンスが勝負を分けるのかも
しれない、相場で勝つのは天才だけで、そうじゃない人間はいくら
努力してもダメなのかもしれない、という思いも捨てきれずにいま
した。

しかし、ここでわかったことは、天才的なセンスで勝つ人もいるけれど、そうでないのに勝っている人もたくさんいるということです。努力を重ねて勝てる投資家になっている人もいれば、けっこうな努力をしているのにさっぱり勝てない人もいました。**勝てる投資家になるために必要な努力と、どんなに頑張っても無駄にしかならない努力がある**ということもわかりました。

　つまり、**天才じゃなくても生まれ持ったセンスがなくても、正しい努力を重ねれば勝てる投資家になれる**ことを知ったのです。

顧客から学びながら、株式投資を再開

　それまでの僕は、いったいどうすれば株で勝てるようになれるのかという問いへの答えを求め、もがき苦しんでいたように思います。でも、証券会社でたくさんの顧客の取引を間近で見ながら、銘柄選びや売買タイミングの試行錯誤を重ねたことで、ようやくそのヒントを得られたような気がしました。

　営業として銘柄や売買タイミングの提案をするうちに、それがピタリと当たることが増えてきました。顧客にはいろんなタイプの人がいるので一筋縄ではいかないのですが、僕の言う通りに売買する人の資産がどんどん増えていったのです。

　そのころには収入も安定し、貯蓄も94万円まで増やせたことから、このお金を元手に個人での株式投資を再開しました。そのころには昔の自分が勝てなかった理由が心底、腹落ちできていたので、もう同じ間違いは犯さない自信がついていました。

かぶカブキの資産推移

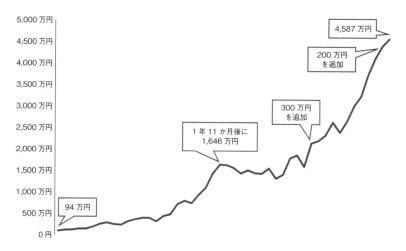

　このときの**94万円は、1年11か月後である2021年5月末**
に17.5倍となる1,646万円に増やすことができました。その後
に資金を500万円追加し、2023年5月末時点では4,587万円まで
増やすことができています。

第2章

証券マンの
経験でわかった
「投資で勝てる人・
負ける人」

株で成功する人、失敗する人の決定的な違い

　証券会社での営業マン時代は、本当にいろいろなタイプのお客様と接することができました。

　お客様の中には、どんどん資産を増やしている人も多くいました。彼らの姿勢や投資スタイルから学びながら、自分でも銘柄に対する分析を深めていくと、だんだん投資の精度が上がってくるのがはっきりとわかりました。そして、僕が提案する通りに売買してくれるお客様の資産が、少しずつ増えてきたのです。

　これはおそらく、それまでの間違った投資から脱皮し、現在の投資スタイルが定まってきたことに加え、自分のお金で感じる焦りや悔しさがなく、冷静な投資判断ができたことも大きかった気がしています。

　自分の投資判断に自信がついてくると、負けが続いているお客様にも僕の投資案にトライしてほしくて懸命に提案するのですが、まったく聞く耳を持たない人も多くいました。かつての僕と同じようなトレードに固執する人もいて、まるで昔の自分を見ているようです。過去の自分の愚かさを痛感すると同時に、株で勝つ人と負ける人の明確な違いを認識するようになりました。

　銘柄に対する好みはさまざまですし、資産の額も超富裕層から普通の会社員までバラバラなのですが、**売買という意思決定に至るまでの思考パターンは、勝っている人同士、そして負けている人同士で見事に共通している**のです。

　株でうまくいかない人たちの思考パターンには、以下の10の共通点があります。

株でうまくいかない人の10の思考

- 1. 売買の根拠があいまい
- 2. 含み損が出たら「いつか上がるだろう」と長期目線に変更してしまう
- 3. 買った金額より上がるまでは売らないと頑固に決めている
- 4. 含み損がどんなに大きくなっても、決済するまで損はしていないと言い張る
- 5. 含み損が拡大すると株を買ったこと自体を忘れようとする
- 6. 高値づかみした自分ではなく、その企業や環境が悪いと考える
- 7. 含み益だったものが含み損になることを極端に悔しがる
- 8. 損切りするときは、せめて利益確定も一緒にしたいと考える
- 9. 利益が乗っているものから決済しようとする
- 10. 利益確定した後の値動きには興味を持たない

　この思考パターンは、あてはまる項目が複数あれば、それが**致命傷になりかねない爆弾のようなもの**です。詳しく解説していきましょう。

1. 売買の根拠があいまい

　明確な根拠がないまま、フィーリングで売買をしてしまうということです。そのフィーリングの出どころは、値動きです。初心者ほどほかの人たちが熱狂しているものに惹かれやすく、誰かに教えてもらった銘柄が実際に上がっていると欲しくなってきます。

本来であれば良い銘柄の株価が下がったときが買いのチャンスなのですが、そういうときに買うことはなく、急騰しだしてから慌ててついていこうとします。結果的に天井圏で買うことになりやすく、リスクが高い投資ばかりをすることになります。

2. 含み損が出たら「いつか上がるだろう」と 長期目線に変更してしまう

株式投資では適切な損切りは不可欠であり、これができない人は勝てません。かといって、含み損が出たときは100％損切りするべきかといえば、そう言い切れるわけではありません。価値がある銘柄だからいずれ上がってくるはず、と思える根拠があって、それを信じて持ち続けるのであれば、むしろそれは良い投資だと思います。

しかし、**勝てない投資家の多くは、「特に根拠はないけれど、いつか上がるだろう」と思考を停止し、とりあえず損切りを先送りする**という共通点があります。

たとえば、投資したときの根拠が「次回の決算で良い数字が出ると思うから」だったとしましょう。実際に出た決算がいまひとつで株価が下落した場合、投資したときの根拠は失われたことになります。買った根拠がなくなったのであれば、本来は持っていてはいけないので、すぐ売るという判断をすべきです。

それなのに、その現実から目を背けて「待っていればそのうち上がるだろう」と、都合よく考えを変えてしまうような投資は非常に危険です。待っていても、上がるどころかその後もジリジリと株価を下げていくことがおおいにあり得るからです。

もはや何を狙って保有しているかがわからなくなった状態で、**根拠なく上昇を期待するだけの思考は極めてギャンブル的で、利益に**

つながりにくいパターンです。

3. 買った金額より上がるまでは売らないと 頑固に決めている

4. 含み損がどんなに大きくなっても、決済するまで損はして いないと言い張る

　3と4は、損失を極端に嫌う人に見られる思考パターンです。本来はたとえ特定の銘柄で損失を出しても、別の銘柄で大きく儲けてトータルで勝っていれば投資としては成功なので、勝率を100%にする必要はないのですが、こうした人は損失そのものを許容できずに勝率にこだわり、絶対に損を出さないと決めてしまっています。

　含み損に対しても、売却して確定するまでは損ではないと考えます。そのため、株価が一向に上昇に転じる気配のない含み損銘柄をいつまでも保有し続けます。含み損が拡大すると、もう口座を見るのも嫌になってしまうのに、それでも損切りするという発想がありません。こうした現実逃避的な思考パターンから、塩漬け株が生まれます。

5. 含み損が拡大すると株を買ったこと自体を忘れようとする

　3と4の思考パターンの人たちの多くは、その思考をここまで発展させます。誰だって含み損を直視するのは、気分が良いことではありません。そこで、その株を買ったこと自体を忘れようとするのです。いずれどこかのタイミングで株価が回復すれば損ではないのだから、それまでは忘れてしまおうというわけです。いわゆる「気絶投資法」です。

ここまでくると投資というより、神頼みです。同じ気絶投資法でも、上昇している銘柄は良い銘柄なので、その存在を忘れているとさらに上昇して勝てることが多いのですが、**含み損が出ている悪い銘柄を放置するのは悪手**です。損切りすればいくらかは資金が戻ってくるので、次の投資で巻き返すこともできるのに、こうした機会を放棄してしまうことになります。

　もちろん、気絶投資法がすべてうまくいかないわけではなく、待っていれば本当に株価が回復することもあります。そうやって含み損がようやく消えたタイミングでやれやれと売却すると、その後どんどん上がっていくというのも「あるある」です。これを見て、「なんで自分が買ったら下がって、売ったら上がるんだ。自分はとことん株には向いてないんだな」とうんざりすることになり、投資そのものをやめてしまう人も出てきます。

6. 高値づかみした自分ではなく、
　その企業や環境が悪いと考える

　含み損を見ると、嫌な気持ちになるのは自然なことです、しかし、投資をする以上、含み損を出すのは当たり前のことでもあります。含み損は目を背けるのではなく、受け入れて適切な対応をすることが求められます。

　しかし、負けが込む人はそれができません。「この会社は何をやっているんだ」「なんであいつはこんな変な企業の株を勧めたんだ」「有名アカに騙された」などと、**含み損を出してしまった責任をほかの何かに転嫁してしまいがち**です。これも、株で負け続けている人の典型的な思考パターンです。

　どんなカリスマ投資家であっても、投資の世界で100％正解できる人はいません。誰だって間違いを犯します。そのときには最適

な判断ができていても、予期せぬ環境の変化が起こることもあります。投資判断はこうしたことを前提として下していく必要があるわけですが、こうした思考パターンの人はそれができません。

　失敗したときにそれを他人や環境のせいにしてしまうと、変わることのできない自分を常に肯定することになってしまいます。その結果として、有益なアドバイスをしてくれる人がいても、それを無視して同じ失敗を繰り返すことになります。

　こうした傾向の強い人は**失敗に学ぶことがなく、頑固に何度でも同じ失敗をしてしまうので、投資をすること自体がかなり危険**です。この思考から脱却できない人は、個別株投資をやってはいけないと思います。

7. 含み益だったものが含み損になることを極端に悔しがる

　投資した銘柄の株価が思惑通りに上昇し、もっと上がることを期待して保有していたら、突然下落に転じて一気に含み損になることがあります。これは誰でも悔しいものですが、株でうまくいかない人の中には、気持ちの切り替えができずに尋常ではない悔しがり方をする人がいます。

「あのとき、早めに利益確定しておけばよかった」という教訓が頭に強烈に刻み込まれた結果、「利益が出たら早く売らないといけない」という思考になってしまいがちなのです。

　こうなると、常に小さな利益で売却することになるので、利益を大きくすることができません。利益が大きければ、別の銘柄で損切りしてもトータルで勝てるわけですが、**利益を伸ばせない人は損大利小になりがち**でトータルで勝つことができなくなります。

　投資で常に勝つことはできないので、含み益だったものが含み損

になってしまっても「こういうときもある、仕方がない」と気持ち
を切り替えることが重要です。それができずに、たった一度の失敗
を悔やみ続けてしまうと、「今後はこんなことがないようにしよう」
と誤った投資手法に走ってしまうのです。

　人は利益を得る喜びより、損をする苦痛のほうが大きく感じるも
のなので、程度の差はあっても多くの人がこうした考えに陥りがち
です。しかし、投資判断をこのような感情で行ってしまうようにな
ると、投資では勝てなくなってしまうのです。

8. 損切りするときは、
　　せめて利益確定も一緒にしたいと考える

　これは損切りに対して感じる心理的な痛みを、別の銘柄の利益確
定と一緒に行うことで緩和させようとする思考法です。含み損は損
ではないと考える人の延長線上にある思考パターンです。

　上昇する根拠のない含み損銘柄を損切りすること自体は、正しい
行動です。ただ、一緒に行おうとする別の銘柄の利益確定も正しい
投資行動かどうかは別問題です。この先もまだ上昇が期待できる銘
柄を売却してしまっては、将来の利益を失ってしまうことになりま
す。

　本来、**損切りと利益確定は完全に別モノ**です。損切りの痛みをカ
バーするために利益確定するのは感情的な売買であり、最適な投資
行動ではありません。

9. 利益が乗っているものから決済しようとする

　利益が乗っている銘柄に対しては、「この利益がなくならないう
ちに早く確定しておきたい」と考えてしまうのも、トータルでの負
けにつながりやすい思考パターンです。その背景には、今は含み益
が出ていても、株価がいつ下落に転じて含み損になってしまうかわ

からない、という不安と恐怖があります。こうした人ほど、本当に含み損になってしまうと、損切りすることができずに塩漬けにしてしまいます。

　この思考パターンに沿った投資判断を続けていると、**うまくいっても微益しか出せず、うまくいかない場合の損失が大きくなる**ので、投資をするほど資産は減っていくことになります。

10. 利益確定した後の値動きには興味を持たない

　利益確定したらその銘柄との付き合いはこれで終わり、とあっさりした感覚を持ち、売却した後の値動きに興味を持たない人も、ちょっと残念な思考パターンです。上を見ればきりがないのだから納得できる利益を出せればそれでいいじゃないかという考え方も悪くはないのですが、**上昇する銘柄の利益をどこまで伸ばせるかがその人の投資パフォーマンスを大きく左右する**ので、そこはもう少しこだわってほしいところです。

　利益確定のタイミングは適切だったか、もっと利を伸ばすことができなかったかを検証し、次に生かせる人のほうが、その後のパフォーマンスを改善できる可能性が高いことは言うまでもありません。

「君の勧める銘柄は全然だめだねぇ」と損を重ねた富裕層

・・・・・・・・・・・・・・・・・・・・・・・・・・・・・

　証券マン時代のお客様で負けが込んでいる人は、ほぼ100％と言っていいくらい、損切りを提案すると嫌がりました。しかもそういう人は、まだ僕が何も提案していないのに、少しだけ利が乗ったような銘柄に対して早く利益確定をしたがりました。

　たとえば僕が「○○という銘柄に注目しているんです」と伝えると、興味を示しはするのですが、とりあえず様子見します。それは

自分でもその銘柄のことを調べて納得してから、という理由ではなく、株価が上がっていないからという理由でした。

　そしてしばらくして、本当にグングン株価が上がりだすと、ようやくあの銘柄を買いたいと連絡をしてくるのです。ここまで上がってしまってから買うのはリスクが高い、と説明しても、それでも買いたいと言います。しかも、買った後はほんの少し上がっただけで、売りたいと連絡を入れてきます。

　せっかくの利益を育てることなく小さいうちに刈り取ってしまう人に、トータルで勝たせるのはとても難しく、僕も頭を抱えました。僕自身、銘柄を見極める力が上がってきたことは実感していましたが、これだと思って提案した銘柄が下落することも、当然あるからです。

　そんなときに損切りを勧めても、「もうちょっと待てば戻るんじゃないか」と渋り、そのまま含み損が大きくなると、「君の勧める銘柄は全然だめだねぇ」などと言うのです。

　利益は伸ばしたほうがいいし、損切りは早めにするべきだと何度説明しても、そういう人はわかってくれません。資金そのものはたくさん持っている人も多いのですが、別の証券会社の口座で数千万円単位で負けているような人もいました。多くは元経営者など社会的に成功した高齢者で、プライドが高かったのでしょう。会社経営を成功させる知性や行動力があっても、自らの失敗を認めようとしない人の思考や行動を変えるのはとても難しいことだと痛感しました。

負け投資家の思考パターンは、自分で矯正できる

　負けている投資家の思考で**特に問題なのは、よく考えずに買うという判断をしてしまうことと、損を大きく利益を小さくしてしまいがちなこと**です。ただ、トータルで損失を出している人であっても、すべての投資で負けてきたわけではなく、利益を伸ばした経験もそれなりに持っているはずです。そのときに利益確定を急ぐ一方で、損切りはなるべく先延ばしするというスタンスでいると、正しい銘柄選択ができていても損が大きく利益が小さくなるので、資産は減っていくことになります。

　こうした株でうまくいかない人の典型的な思考パターンに、ピタリとあてはまってしまった読者の方もいるかもしれませんが、心配はいりません。経験や知識の乏しい初心者や入門者の多くは、こうした思考に陥りやすいもので、僕自身もそうだったからです。

　まずは自分がこうした考え方に陥っていないかを意識し、確認することが勝てる投資家へ脱皮する第一歩です。負けを呼び込みやすい初心者の思考パターンを、勝てる投資家の思考パターンへと少しずつ矯正していけばいいのです。

株で成功する人の10の思考

一方、勝てる投資家の思考は、大きく以下の 10 のパターンが挙げられます。中には、自然な感情とは相反するものもあるので、意識して自分の考え方をこちらに寄せていく必要があります。

---

1. 売買の根拠が明確

2. リスク面を直視している

3. 小さな損切りを頻繁に行う一方で、利益を大きく育てる

4. 狙いが外れたときは俊足で逃げる心の準備ができている

5. 利益確定する条件を事前に決めて、それまではとことん引っ張る

6. 含み損は現実の損失だと考える

7. "幻の含み益" を無視できる

8. 損切りよりも早すぎる利益確定を悔やむ

9. 損切りは次の投資チャンスと考える

10. 含み損が大きいものから決済していく

---

1. 売買の根拠が明確

勝っている投資家は、**値動き以外に「買う根拠」を明確に持っており、買った後も保有を続けるだけの根拠を持っています。**

たとえば、業績が上向いている、環境の追い風を受けて売上が伸びそう、構造改革が成功して利益を出しやすい体質になりそうといった、目の前の値動きとは別に、投資する根拠が存在しています。未来を言い当てることは誰にもできませんが、今ある情報をもとに仮説を立てることなら、誰にでもできます。今ある事実を組み立て

て、株価が上がるまでのストーリーを明確に示せる銘柄に投資をするわけです。

　もちろん、これらはあくまで仮説ですからすべて的中するわけではなく、予想外の展開となることもあります。それでも、明確な仮説をもとにした投資であれば、その仮説が間違っていたとわかれば撤退の決断がしやすくなります。そして、なぜ想定通りにいかなかったのか、どのあたりの読みが甘かったのかなど、仮説の立て方自体を振り返り、検証することもできます。

　仮説のどこに間違いがあったかがわかれば、次回からはそれを改善してレベルアップした仮説の構築も可能になり、投資の精度が上がっていきます。それを繰り返していくことで、投資家としてのスキルは着実にアップし、自分が得意な領域や業種などもわかってくるものです。

「この銘柄をなんで持っているんだっけ？」となりがちな人は、投資する際に立てた仮説をメモに記録しておき、株価が上がって売りたくなったときや株価が下がって狼狽したときにメモを振り返ってみることをおすすめします。

2. リスク面を直視している

　いつどんなときでも安心してホールドしていられるパーフェクトな銘柄というものは、この世に存在しません。どんな優良銘柄にもさまざまなリスク要因があり、「もし○○という状況になったら、株を売らなければならない」という仮説が必ず存在します。

　たとえば、原材料費が上昇しているのに価格に転嫁できなければ利益が損なわれますし、他社が新規参入しやすい業態の場合は、いつ手ごわい競合が登場するかわかりません。また、為替の変動で業

績が大きな影響を受ける企業もありますし、法改正が大打撃となる業態もあります。

　その企業の強みや株価が上がる仮説と、これらのリスク面を照らし合わせて比較し、**株価上昇の期待が下落リスクを上回っていると考えられるときにのみ、投資をする**のです。どんなに魅力のある銘柄であっても、それを上回るリスクを無視するような投資はするべきではありません。

3. 小さな損切りを頻繁に行う一方で、利益を大きく育てる

　勝っている投資家は、勝率が高いと考える人は多いかもしれませんが、**実際の勝率は高いどころか、50%を切っている人も割と多い**と思います。勝っている投資家の勝ち方は、以下のようなイメージです。

－5万円　　損切り

－7万円　　損切り

－15万円　　損切り

＋200万円　　まだ利益確定せずに保有を継続

　損切りは頻繁に行う一方で、勝つときにはケタが違う勝ち方をすることで、細かい損失をカバーして有り余る利益を得るのです。当然ながら、勝率にはまったくこだわりがありません。それよりも、勝つときに大きく利を伸ばすことを重要視しています。

4. 狙いが外れたときは俊足で逃げる心の準備ができている

　これは、慎重さに欠ける、あるいは場当たり的な考え方のように感じる人もいるでしょうが、決してそうではありません。投資に100%はないので、どんなに情報収集に力を入れて慎重に意思決定

をしたところで、何らかの見落としや、誰にも予想できない環境の変化で仮説が崩れることはあります。自分の仮説は絶対だと固執するのではなく、外すこともあるということを前提におき、それがわかった時点ですぐに損切りをする心構えを持っているということです。

このように考えていれば、**もしリスク面が顕在化したら躊躇なく損切りができ、ダメージを最小限に抑えられます。**
時間と手間暇をかけて立てた仮説ほど、それが間違っていたことを認めるのは苦しいことです。しかし、仮説に固執してしまうとひたすら含み損を我慢し、それが膨らんでいく事態になりかねません。仮説よりも現実を重視し、柔軟に対応する姿勢が、致命傷を避けることにつながるのです。

5. 利益確定する条件を事前に決めて、
　それまではとことん引っ張る

自身が立てた仮説通りに株価が上昇したときであっても、その上昇がどこまで続くかを見通すことは簡単ではありません。せっかく良い銘柄に目をつけて投資をしても、あまり早く売却してしまうとその後の大きな利益を取りそこなうことになります。
利益が乗っているうちに目の前の利益を確定してしまいたいという思いに駆られてしまったとき、勝てる投資家は自ら立てた仮説に立ち返ります。利益確定するのは、投資したときの自分が掲げた目標株価に達したとき、あるいは仮説が崩れたとき、と決めているので、それが現実にならないうちは含み益を伸ばし続けることができます。

株価が倍になっていても、3倍になっていても、まだまだ伸びる

と思える根拠があれば、強い意志と握力を持って握り続けるのです。
利益の額に関係なく、成長期待が続く限り伸ばすという思考です。

6. 含み損は現実の損失だと考える

　負けている投資家は、含み損はまだ損ではないと言い張り、いつか上昇に転じることを願って塩漬けします。一方、勝っている投資家は含み損になった時点で現実に損をしていると判断し、厳しい評価を下します。

　勝っている投資家は常に最悪を想定しているため、甘い判断をしません。下落した株価の回復に一縷の望みをかけるようなことをせず、このまま損失が拡大していくと想定して、それを食い止める行動ができるのです。

7. "幻の含み益" を無視できる

　含み益を伸ばそうと保有していたら含み損になってしまった、というケースは意外と多くあります。「以前は10%の含み益があったのに、気がついたら7%も含み損になっている、あのときに売っておけば10%の利益が取れたのに」、なんていうことは日常茶飯事です。

　だったら、利益を伸ばそうなどとせず、含み益があったときに利益確定しておくべきだったのでしょうか？

　その投資に限った結果を見ればそうなりますが、勝てる投資家は「利益確定できなかったことは仕方がない」と考えます。常にこのような思考で**利益確定を急いでしまうと、10倍になる株や50倍になる株をつかんでいても、その恩恵を受けることは不可能になる**からです。

　業績が伸びるという確信を持ち、含み益で推移しているなら、利

益はできる限り伸ばすという思考が必要です。勝てる投資家は、含み益が消えて含み損になってしまったような銘柄は、もともと大きな利益を期待できる銘柄ではなく、幻の含み益だったのだと割り切ることができます。一直線に下落するのも、少し上昇してから下落するのも、下落したのは同じであり、途中経過にそこまでこだわったりはしないのです。

8. 損切りよりも早すぎる利益確定を悔やむ

株価が10倍になると見込んで投資した銘柄を、10％の利益で売却してしまうと、その後の上昇を取ることができません。利益確定した後でさらに株価が伸びていった場合、勝っている投資家は地団太を踏んで悔しがります。

本業を持つ個人投資家は日中に取引の数をこなすことはできないので、小さな利益を積み上げるという戦略は取れません。利益を伸ばせる銘柄をどこまで引っ張れるかが全体のパフォーマンスを決めるので、そこは妥協すべきでないのです。勝てる投資家は損切りするのにいちいち傷ついたり深く後悔したりしませんが、早すぎる利益確定はおおいに悔やみ、反省することで次の投資に生かすのです。

9. 損切りは次の投資チャンスと考える

勝っている投資家は、**シナリオもなく含み損が出た銘柄を塩漬けにして回復を願うようなことは絶対にしません。**

株はお金を増やす手段と考えており、それが当分かなわない、あるいは放置していると損がより膨らむ可能性が高いと思ったら、なんのためらいもなく損切りします。損失を確定してでも、上がる根拠の高い銘柄に資金を移すほうが、よほど増やせるチャンスがあるからです。

いつ上がるのかがまったく見えない銘柄のために資金を拘束するよりも、いくらかでも残ったお金で次のチャンスをつかみに行くことを重視するのです。

10. 含み損が大きいものから決済していく

誰だって投資をするときは株価が上がることを期待するわけですが、思惑に反して下がってしまえば含み損になります。その原因は、買うタイミングを間違えたか、立てた仮説がそもそも間違えていたか、のどちらかです。

いずれの場合でも、不正解の銘柄を抱えていれば資金効率が悪化しますし、含み損の額が大きい銘柄ほど仮説が的外れで犯したミスは大きいということになります。ですから、ミスを犯したあとの行動としては、**含み損が大きい銘柄から決済していくのが「正解」となる**のです。

逆に、含み益が大きい銘柄ほど、その銘柄に投資した判断は「正解」ということになるので、そう簡単に手放してはいけないことになります。

株で儲けていた顧客の思考パターンは決まっていた

僕の提案を素直に受け入れて売買するお客様の成績が上がってくると、僕も嬉しくてさらに銘柄研究に力を入れる、という良いサイクルが回り始めました。しかし、僕の提案をまったく聞いてくれない人にも、勝っている人は何人もいました。

そういう人は、「この銘柄には期待できます」と持ち掛けても、自分自身が理解できない限りは買う判断をしてくれません。その一方で「これを買いたい」と向こうから連絡してくることもよくあり

ました。

　そこで、「なぜ、この銘柄が欲しいと思うのですか？」と聞くと、常に明確な狙いを持っていて、業績が向上するストーリーが組み立てられていました。**新聞やニュース、お客様自身が働く業界などで感じる景気や需要の変化をもとに、株価が上昇するまでの仮説ができている**のです。

　そういう人は利益が乗っても簡単には売却せず、根気よく育てて最終的に自分から利益確定したいと連絡してくるのが常でした。これじゃあ僕がアドバイスしている意味がまったくないし、ネット証券で自分で取引したほうがよっぽどいいのに、と思っていたぐらいです。

　なにしろ、僕が勤めていた対面の証券営業から買うと、取引手数料はネット証券の20倍ぐらいかかっていましたから。ほとんどのお客様はインターネットやアプリがわからないから電話で注文をしたいという高齢の方でしたが、そういう人でも投資判断は研ぎ澄まされていて、本当に勉強になりました。

　また、個別の企業の業績とは関係のない理由で市場全体が急落する○○ショックといわれるような局面では、「早く売ってくれ！」という悲愴な電話が次々とかかってくるので、僕ら営業パーソンは大忙しになります。

　多くの投資家が売り一色になっているこうした局面で、普段はあまり売買してくれない人が珍しく電話をかけてきて、大量の買い注文を入れることもありました。おそらく、その人の頭の中では、○○ショックが起こっても業績には影響しないという仮説があり、市場にひきずられただけで株価が暴落している矛盾を感じて買い始めるのでしょう。市場に関わる人が暴落の恐怖におののいているとき

に、業績には関係がないと冷静に判断するのは、その業態や収益の構造を知っていないとできないことです。こうした人は、その後大きな利益を得ていました。

負けパターン思考を勝ちパターン思考に変える方法

株でうまくいっている人全員に共通しているのは、**銘柄を自分でよく調べて分析し、上がるだろうと確信できる銘柄を買っていること、そして損切りをいとわず実行する点**です。

負けパターン思考に陥っていて、満足のいくパフォーマンスを出せていない人は、まずは以下の2つの行動を徹底するだけでも、変化があると思います。

---

1. なぜ買うのか、その根拠を明確に説明できる状態で買う
2. 損切りに慣れる

知識や経験が乏しい人ほど、自分の投資判断に自信が持てないので、誰かが推奨する銘柄に乗ってしまいたくなるものです。しかし、その推奨された銘柄は、玉石混淆です。研究され尽くした結果である可能性もある反面、適当にピックアップしただけの可能性も多分にあります。そんな銘柄に乗るぐらいなら、たとえ知識が乏しくとも自分自身が心底納得できる根拠のほうがよほど信頼できますし、それを繰り返すうちに分析や判断の精度も確実に上がっていくものです。

そして、根拠を明確にできる投資をすれば、イナゴトレードよりもずっと利益を取れることを実感するようになります。こうした投資で損切りをはるかに上回る利益が取れることがわかれば、損切り

もさほど大きな心の痛みを伴わなくなります。

　損切りは、その価値を腹の底から納得すると同時に、回数を重ねることも重要です。はじめのうちは大きなストレスだったとしても、回数を重ねるほど心のダメージは小さくなり、淡々と損切りできるようになっていくものです。とにかく、損切りすべきときに損切りする経験を積み重ね、**損切りに慣れることが重要**です。

負け投資家のポートフォリオができるまで

　負けている投資家には、その保有銘柄のリスト（ポートフォリオ）にも、特徴的な共通点があります。**含み益のある銘柄は非常に少なく、あってもその含み益は小さく、ほとんどが含み損を抱えた銘柄で構成されている**のです。

　これは、投資してきたすべての株が下落したからではありません。含み益になった銘柄は早々に利益確定する一方で、含み損になった銘柄は手放すことなく、ひたすら上がるのを待って塩漬けするのを繰り返しているため、自然とこのようなポートフォリオができあがってしまうのです。

負け組のポートフォリオ

	銘柄 ↓↑	保有数量 ↓↑（執行中）	平均取得価額 取得総額 ↓↑	現在値 前日比 / 前月比 ↓↑	時価評価額 ↓↑ 評価損益 ↓↑ 円 ％
4463	日華化学	200 株	1,228.00 円 245,600 円	840.0 円 -8.0 円	168,000 円 -77,600 円
6315	TOWA	100 株	2,159.00 円 215,900 円	1,817.0 円 -26.0 円	181,700 円 -34,200 円
6697	テックポイント・インクJDR	200 株	1,778.00 円 355,600 円	950.0 円 -22.0 円	190,000 円 -165,600 円
6699	ダイヤモンドエレクトリクHD	700 株	1,686.19 円 1,180,334 円	871.0 円 -26.0 円	609,700 円 -570,634 円
9201	日本航空	200 株	2,511.00 円 502,200 円	2,533.0 円 -32.0 円	506,600 円 +4,400 円
9885	シャルレ	1,600 株	644.84 円 1,031,748 円	366.0 円 -2.0 円	585,600 円 -446,148 円

実際、含み損の銘柄をいくつも持っていると、ひとつやふたつは本当に時間が経てば含み損がなくなる銘柄はあるので、投資している本人はそれが損を出さない正しい方法だと信じています。何十年もかければ確定損はゼロにできるのかもしれませんが、これでは勝ちとはいえません。これが**典型的な負け組のポートフォリオ**です。

　証券会社では営業パーソンの異動や離職が頻繁にあるので、同僚が担当していた顧客を引き継ぐことがよくありましたが、多くはこのような含み損だらけの状態になっていました。営業パーソンが損切りをしたがらない顧客から手数料を稼ごうとすると、利益確定させるしか方法がありません。そのため営業パーソンは早めの利益確定を推奨し続け、それに乗った顧客のポートフォリオは、含み損だらけになるのです。

　この含み損だらけのポートフォリオは、証券会社の営業担当者の言う通りに売買しても、基本的にはまったく勝てないことを物語っています。お客様はもちろん、営業も勝ち方がわかっていないのが今の対面証券営業であり、心の底からオワコンだなと感じます。読者の皆さんも、くれぐれも証券マンや他人のアドバイスで投資判断するのではなく、**手数料の安いネット証券で、自分自身で考えて投資判断してください。**

　しかし、その際に頼るのは情報収集とそれに基づく思考・分析であり、決して感情ではありません。損はなるべく確定せず、利益は小さくてもいいから早めに確定したいという感情に従っていれば、損がどんどん拡大し、投資資金がロックされ、機会損失を生むことになります。含み益になったとしても、早々に利益確定するので微益にしかなりません。

　結果として、**ハイリスク、ローリターンの取引ばかりが生み出さ**

れ、合み損だらけのポートフォリオが爆誕することになるのです。

「投資の神様」といわれるウォーレン・バフェットも、**「他人が貪欲になっているときは恐る恐る。周りが怖がっているときは貪欲に」**というような言葉を残しているそうです。これは「欲に負けずに、恐怖に打ち勝て」、要するに本能とは逆の行動をせよという意味です。

市場が悲愴感で売り一色になっているときに買い向かうことや、皆がどんどん上がるぞと盛り上がっているときに冷静に利益確定するのは、言うだけなら簡単ですが、その渦中にいると本当に難しいものです。恐怖に勝つというのは「自分から進んで崖から飛び降りろ」と言われて、躊躇なく飛び降りるようなものだからです。

普通の精神ではそんなことできません。個人投資家の9割が負けているというのもよくいわれることですが、それは**感情のままに行動すれば負けるしくみになっている**からだと思っています。

優秀な人材をクビにして、
ダメ人材を抱え込んでいないか

・・・・・・・・・・・・・・・・・・・・・・・・・・・・・・・・・・・・

　あなたがとある企業の営業所の所長だと想像してください。部下にはたくさん売り上げてくれる超優秀な営業パーソンもいれば、いっこうに成績が伸びないダメ人材もいます。

　持ち株の中で利益が乗っている銘柄を早々に利益確定するということは、稼ぎ頭の営業パーソンをさっさとクビにしているのと同じことです。そして損切りを遅らせるのは、成績の悪い営業パーソンをいつまでも大切に抱えていることになります。

　こうした行動を続けていると、新しい人材を採用しても同じようにスター候補を早めにクビにして、売上が取れない人材を長く抱え込んで教育を続けることになるので、その営業所はいずれダメ人材で埋め尽くされることになります。

こんな運営を続けていれば、あなたの営業所の成績は悪化の一途をたどるのは当然です。自分のポートフォリオが同じような状態になっていないか、振り返ってみてください。

どうしても損切りしたくないときは？
・・・・・・・・・・・・・・・・・・・・・・・・・・・・・・・・・・

損切りの重要性はわかっているけれど、それでもできない、という人もいます。勝てる投資家になるためには損切りは不可欠ではありますが、損切りできない人が100％負けているかといえば、必ずしもそうとは言い切れません。

証券営業時代のお客様の中に、損切りはしないけれど利食いもしないという完全放置スタイルの投資家が何人かいました。実はそういう人の成績は、トータルではプラスなのです。

こうした投資家は、まず買う根拠が明確でした。この銘柄だったら永遠に持っていられるというぐらいほれ込んで、買っているのです。

それでも買うタイミングが悪いと含み損になることはあるのですが、それ以上に利益が出ている銘柄の含み益の額も大きく膨らんでいました。買う根拠が明確で、なおかつ利益確定を急がずに大きく利を伸ばしていることが、「損切りをしない」というマイナスを補っているのです。

利食いを急がず、ゆっくり利益を育てていくことの重要性は、損切りができないという致命的とさえ思える短所をも、カバーする力があるのです。

これは積み立て投資の考え方と相通じるものがあります。近年、

「老後2000万円問題」などで注目を集めているiDeCo（個人型確定拠出年金）やつみたてNISAなどの積み立て投資は、たとえ含み損になっても決して中断することなく継続することが重要だといわれています。

定額を買い続ける積み立て投資は、相場が下がったときに多く買うことができるので、含み損が出ているようなときこそ継続することで、相場が回復したときの利益を大きくすることができます。個別株のように資産を10倍にできるような夢のある投資ではありませんが、長く続ければそれなりの利益は期待できるので、損切りできない人はこれに近い考え方で投資を継続すれば、報われると思います。

どうしても損切りができないという人ほど、慎重に根拠ある投資をして、利益をしっかり育てる姿勢を大切にしてください。

勝ち組のポートフォリオの作り方

それでは、勝っている投資家のポートフォリオはどうなっているのでしょうか。基本的には、負け組と正反対の状態です。要するに、ほとんどが含み益の銘柄で構成されています。含み損になっている銘柄もありますが、その含み損の額は小さいのが特徴です。

これは、上がる銘柄を的中させてすべての投資に成功しているから、というわけではありません。勝ち組投資家であっても、含み損を抱えることは日常茶飯事です。

しかし彼らは含み損の額が一定の水準に達したら必ず損切りをするので、**大きな含み損を抱えた銘柄がポートフォリオに残っていることがない**のです。

勝ち組のポートフォリオ

注文		銘柄	保有数量(執行中)	平均取得価額/取得総額	現在値 前日比/前日比	時価評価額/評価損益 詳細損益	取引詳細
買い 売り	1429	日本アクア	600株	949.91円 / 569,949円	938.0円 / -8.0円	562,800円 / -7,149円	詳細
買い 売り	2708	久世	600株	910.62円 / 546,373円	896.0円 / -4.0円	537,600円 / -8,773円	詳細
買い 売り	3486	グローバルリンクマネジメント	600株	1,150.00円 / 690,000円	1,260.0円 / -15.0円	756,000円 / +66,000円	詳細
買い 売り	3561	力の源HD	300株	691.22円 / 207,366円	1,430.0円 / +39.0円	429,000円 / +221,634円	詳細
買い 売り	3856	Abalance	200株	2,779.87円 / 555,975円	4,665.0円 / +150.0円	933,000円 / +377,025円	詳細
買い 売り	4174	アピリッツ	100株	1,218.00円 / 121,800円	1,167.0円 / -23.0円	116,700円 / -5,100円	詳細
買い 売り	5126	ポーターズ	500株	1,782.91円 / 891,457円	1,919.0円 / -88.0円	959,500円 / +68,042円	詳細
買い 売り	5816	オーナンバ	800株	511.83円 / 409,470円	742.0円 / -3.0円	593,600円 / +184,129円	詳細
買い 売り	6180	GMOメディア	400株	1,908.08円 / 763,235円	1,790.0円 / -17.0円	716,000円 / -47,235円	詳細
買い 売り	6460	セガサミーホールディングス	100株	2,026.75円 / 202,675円	2,319.0円 / -23.0円	231,900円 / +29,225円	詳細
買い 売り	6577	ベストワンドットコム	200株	2,003.65円 / 400,730円	2,755.0円 / -38.0円	551,000円 / +150,270円	詳細
買い 売り	6619	ダブル・スコープ	400株	1,339.00円 / 535,600円	1,257.0円 / -18.0円	502,800円 / -32,800円	詳細
買い 売り	6632	JVCケンウッド	300株	332.00円 / 99,600円	387.0円 / -1.0円	116,100円 / +16,500円	詳細
買い 売り	6707	サンケン電気	100株	5,244.00円 / 524,400円	8,820.0円 / -30.0円	882,000円 / +357,600円	詳細
買い 売り	6890	フェローテックHLDGS	300株	2,993.50円 / 898,050円	3,105.0円 / -50.0円	931,500円 / +33,450円	詳細
買い 売り	6996	ニチコン	600株	1,253.37円 / 752,025円	1,305.0円 / -7.0円	783,000円 / +30,975円	詳細
買い 売り	7130	ヤマエグループHD	600株	1,479.60円 / 887,764円	1,645.0円 / -26.0円	987,000円 / +99,235円	詳細
買い 売り	7184	富山第一銀行	400株	588.00円 / 235,200円	667.0円 / -1.0円	266,800円 / +31,600円	詳細
買い 売り	7191	イントラスト	400株	651.00円 / 260,400円	864.0円 / -38.0円	345,600円 / +85,200円	詳細
買い 売り	7372	デコルテ・ホールディングス	500株	1,094.10円 / 547,050円	1,140.0円 / -10.0円	570,000円 / +22,950円	詳細
買い 売り	7380	十六FG	200株	2,721.00円 / 544,200円	3,245.0円 / -10.0円	649,000円 / +104,800円	詳細
買い 売り	7610	テイツー	7,000株	128.0円 / 896,534円	151.0円 / 0.0円	1,057,000円 / +160,465円	詳細
買い 売り	7638	NEWARTHOLDINGS	400株	1,646.33円 / 658,535円	1,783.0円 / +9.0円	713,200円 / +54,665円	詳細
買い 売り	7792	コランットッテ	500株	1,145.07円 / 572,535円	1,257.0円 / +30.0円	628,500円 / +55,965円	詳細
買い 売り	7849	スターツ出版	100株	2,933.00円 / 293,300円	3,555.0円 / -25.0円	355,500円 / +62,200円	詳細
買い 売り	8337	千葉興業銀行	800株	458.83円 / 367,064円	544.0円 / +10.0円	435,200円 / +68,135円	詳細
買い 売り	9274	KPPグループホールディン	700株	705.51円 / 493,857円	761.0円 / +1.0円	532,700円 / +38,842円	詳細
買い 売り	9531	東京瓦斯	200株	2,837.67円 / 567,535円	2,703.0円 / +26.0円	540,600円 / -26,935円	詳細

　僕の場合は、**含み損が終値で8％以上に達したら基本的に損切りする**ので、このルールを守っている限りポートフォリオの中に8％以上の含み損を持つ銘柄が存在することはありません。損切りをするときに一切の精神的ダメージを受けないと言ったら嘘になりますが、毎日持ち株の状況をチェックする際に、ポートフォリオの中に大きな含み損を抱える銘柄がないというのは非常に気分が良く、精

神衛生上とても健全です。

　　こうしておけば損失の額は 8％以下に抑えられるのに対し、利益をできるだけ引っ張るので、トータルではプラスになります。こうした投資行動は本能や感情と逆を行く行動なので、言葉にするほど簡単ではありません。実際、頭ではわかっているけどできない、トライしたけれどできなかった、という人は多いです。

　それでも、あきらめないでください。これまでどうしてもできなかったという人でも、あきらめずにトライすることでできるようになります。僕は株式投資のオンラインサロンを運営していて、多くの個人投資家が会員になってくれていますが、その中にはこれまで損切りができずに損失を拡大させてきたけれど、損切りができるようになってパフォーマンスが大きく改善したという人が何人もいます。
　次の章からは、いよいよ具体的な投資テクニックとそれに必要な基礎知識について解説していきます。

第3章

専門的な知識ゼロでも 10倍株を見つける 「ショートカット 投資術」

僕が株で勝てるようになったのは、値動きを追いかけることをやめて、投資すべきだと思える明確な根拠を持てる銘柄に投資するようになってからです。具体的には、その企業のビジネスモデルやおかれている市場環境、業績、成長性などを調べて、今後の業績や株価の行方について仮説を立てることです。こうした仮説の根拠となるこれらの要素はファンダメンタルズといわれ、これらを分析することをファンダメンタルズ分析といいます。

難しそうに感じるかもしれませんが、**僕のファンダメンタルズ分析に専門的な知識は特に必要ありません。決算書も決算短信の1ページ目の情報を理解できれば十分**で、あとは業界や企業の将来に興味を持って調べる姿勢があれば大丈夫です。

この章では、精度の高い仮説を立てていくためのファンダメンタルズ分析にトライするうえで必要な基礎知識を、初めての人にも鬼わかりやすく解説していきます。

誰でも絶対に理解できる「PER」と「時価総額」

PERとは株価収益率といわれ、一般的には**株価が一株あたりの純利益の何倍になっているかを示す指標**と説明されます。しかし、そういわれてもいまひとつ、ピンとこないものです。企業の価値そのものを示す**時価総額**も、わかるようでわからないという人も多いでしょう。

いきなり上場企業の株価を判断しようとすると難しいので、まずは小さなお店の例でイメージしてみましょう。

PERとは

たとえば、あなたが脱サラをして飲食店を経営したいと考えたと

します。しかし、飲食業の経験も調理師の資格もないので、ゼロからスタートするのは大変そうです。そこで、既にあるパンケーキ屋さんを買い取って、商売を始めてみようと思い立ちました。

　幸い、「お店を売ってもいい」という経営者が現れました。そのお店はどのような経営状態なのか詳しい話を聞いてみると、「材料費や人件費などの各種経費や、税金などを引いて最終的に残る利益は年間500万円くらい」ということでした。そして、「5,000万円でこのお店を売ってもいい」と言われました。

　それを聞いてあなたは、「このお店の値段が5,000万円ということは、1年で得られる利益の10倍なんだな」と思いました。この場合、10倍というのが **PER** です。

　もしこのときのPERが50倍だとしたら、これはかなり割高だな、と思ってこの店を買う気にはなれないでしょう。逆に5倍だったら、たった5年で投資が回収できるのだからずいぶん割安だな、と前のめりになってしまうかもしれません。

時価総額とは

　そして、このときのお店の売値である5,000万円が **時価総額** です。店舗や今持っている材料の在庫、看板や調理器具などに加え、近所

の評判やブランド力など、目に見えない価値も全部含めてそのお店についている値段であり、そのお店を**買収するために必要なお金**と考えて OK です。

　上場企業の場合、買収するということはすべての株を買うということに等しいので、**株価に発行済みの株式数を掛け合わせて計算**します。

　この時価総額は、企業によって大きな差があります。このパンケーキ屋さんは 5,000 万円ですが、株式市場には 30 兆円を超える時価総額を誇るトヨタ自動車のような企業もあれば、100 億円に満たない企業もあります。

　30 兆円の企業価値が 1 年後に 60 兆円になることはかなり難しいのですが、100 億円の企業に何らかのポジティブな変化があれば、200 億円や 1,000 億円になることも十分あり得ます。

　具体的には時価総額が 500 億円以下の企業の中から有望な銘柄を探せると、数倍になる株を見つけられる可能性は高まると考えています。

PERの水準はどう決まるのか

　PER はそのときの株価が割安か割高かを判断する指標です。株式市場には 100 倍を超える企業もあれば、10 倍に満たない企業もあります。なぜこんなに差がついてしまうのか、引き続きパンケーキ屋さんの例で解説します。

　あなたが買おうとしているパンケーキ屋さんは実は成長の真っただ中にあり、翌年には新しいお店を 2 店舗、出店する予定だそうです。これが実現すれば、翌年には全部で 3 店舗を展開するお店になります。

　新店が軌道に乗って 1 号店と同じレベルに成長すれば、年間 500 万円の利益を出すお店が 3 店舗になるので、合計で年間 1,500 万円

の利益が見込めることになります。そうすると、この企業の将来の価値は5,000万円の3倍で1億5,000万円の時価総額になることも十分考えられます。

これはあくまで予測で、現状の利益は年間500万円なので、この数字でPERを計算すれば10倍にしかなりませんが、新規出店を見込んで1億5,000万円で買ってもいいという人が現れてもおかしくないのです。そうなるとこのお店の値段である**時価総額は1億5,000万円に跳ね上がり、PERは30倍**になりますが、本当に翌年に年間1,500万円の利益を叩き出せるお店になるのであれば、割高とは言い切れません。

このように、**未来の成長期待を織り込むと、PERは高くなります。**実際の株式市場でも、成長産業といわれる自然エネルギー、ロボット、AI、リチウムイオン電池、5G、6G、DX、M&A、SaaS、決済システム、スポーツ用品などの業種に含まれる企業は、成長期待があるので、総じてPERが高い傾向があります。PERは割安度を示す指標と説明されることが多いのですが、それよりも成長の期待があるほど高くなると理解するほうが適切だと考えています。

では、逆に PER が低い企業とはどんな企業でしょうか。将来、大きく成長することが見込みづらい業態や、そもそも不況に弱いとされる業種、いわゆるオールド業種です。

　具体的にはエネルギー、鉱山、商船、銀行、鉄鋼、不動産、紙パルプなどです。これらの業種は総じて PER が低く、10 倍に満たない企業も少なくありません。

　PER が低いということは、成長性がないとみなされている、成長することを期待されていないことの表れだと理解して OK です。

大企業に成長企業はあるのか

　実際に具体的な銘柄について PER が高いのか低いのかをイメージしてみてください。ここでは、日経平均株価を構成する 225 銘柄の以下の 5 社について、PER が高いのか、低いのか、考えてみましょう。

　武田薬品工業（4502）

　カゴメ（2811）

　日本製鉄（5401）

　リクルートホールディングス（6098）

　エムスリー（2413）

　イメージできたら、実際の PER を株情報サイトや証券会社のアプリなどで確認してみてください。いずれも有名な大企業ですが、PER にはかなり差があることがわかるはずです。

　大まかな目安としては、**PER が 13 倍以上であれば未来への成**

長期待が大きく、13 倍未満であれば成長期待が低いと考えて OK

です。ただ、いずれにしてもその時点での評価なので、成長期待が小さい銘柄であっても、業績が伸び始めたり環境が変わったりすれば当然、株価もそれに伴って見直されて PER は高くなりますし、成長期待が大きい銘柄であってもその期待がはがれ落ちることがあれば株価は下落し、PER も下落します。

また、PER に絶対的な基準はなく、何倍以下なら割安だとか、何倍以上なら割高だと一概に判断できるものではありません。後で詳しく説明しますが、その銘柄の過去の PER を調べて、「成長期待は大きく変わっていないのに、PER が下がっているので割安なタイミングかもしれない」とか、「特に状況が変わったわけではないのに PER が高くなっていて、今は割高なタイミングだな」といった判断に使うのがおすすめです。また、同業他社の PER と比較するなど、相対的な株価の評価に使うのがよいでしょう。ちなみに、日経 225 銘柄の平均 PER は 15 倍程度です（2023 年 6 月末時点）。

時価総額（株価）は業績で決まる

パンケーキ屋さんの例でもわかるように、企業の価値である時価総額は、最終的には企業が叩き出せる利益の額で決まります。

毎日の株価の推移を見ているだけでは意識しにくいのですが、企業業績と株価は長い目で見れば比例関係にあります。企業業績が悪化すれば株価も下がり、業績が伸びれば株価も上昇します。

日々の株価を見ていると、その個別の企業に関するニュースや材料が特になくても、マーケット全体の需給やその企業に直接関係のない材料によって株価が上がったり下がったりしています。日々、不規則な値動きをしているだけのように見えますが、長期で見れば

業績が伸びるほど株価が伸び、両者はしっかりと連動しているのが
わかります。

　投資をしていると、「良いと信じた企業に投資したはずなのに、
株価が下がった」ということは、短期的には頻繁に起こります。そ
れでも、**ファンダメンタルズの良い企業に投資をしていれば、中長
期的には大きな問題は起こらない**といえるのです。

日本企業はオワコンなのか

　日本では、政府がNISA（少額投資非課税制度）や、iDeCo（個
人型確定拠出年金）の活用を推奨しています。本来は投資で出した
利益には約2割課税されるので、儲けを全額手にすることはでき
ないのですが、これらの制度を使えば運用中には課税されずに有利
に資産形成ができるようになっています。

　なぜ政府が税収を減らしてまでそんなしくみを用意しているかと
いうと、**今の現役世代が老後を迎えるころには年金だけで生活する
のが難しくなる**からです。有利なしくみを用意して、自分自身でも
老後の資金を準備してもらおうと促しているのです。

　NISAは2024年から制度が改正されて投資できる枠が1,800万
円まで増えるうえ、売却すればその枠が再利用できるようになるな
ど、とても使い勝手の良いしくみになります。一方、iDeCoは積み
立てた分を所得から控除できるので、所得税や住民税を減らすこと
ができるというメリットもあります。

　**これは政府が、長期での投資が資産形成に有効であるとお墨付き
を与えているようなもの**だと僕は考えています。つみたてNISAが
対象としているのは、主に世界あるいは日本の株価指数に連動する

インデックス投資信託です。長期の積み立て投資で利益を出すには、世界の経済は成長していくことが前提になります。それはとりもなおさず、世界中の企業の利益は伸びていく、だから株価も上がっていくというロジックです。僕もこのロジック自体は、正しいと考えています。

国際通貨基金（IMF）の世界経済見通しによると、2023年は2.8％、2024年は3.0％の経済成長が見込まれています。世界を見渡せば紛争やインフレ、災害など日々さまざまな問題が起きてはいますが、それでも世界経済は成長しています。

その経済成長に賭けて、自分の資産も同じように成長させようとするのが積み立て投資です。市場全体に投資するので個別企業の倒産リスクはないに等しく、毎月一定額を投資していくことからタイミングも分散することになるので、大きく外すことはまずありません。だからこそ国が推奨しているのだと思います。

僕自身も、手間をかけずにそこそこの利益を得たいという人には、積み立て投資をおすすめしています。銘柄を探したり見極めたりといった作業をしたくない、という人にはそれが最適解だからです。人から聞いた個別銘柄を何も調べずに買うような危険な投資に比べれば、積み立て投資のほうがよほど安全です。

しかし、そこで得られる利益は年5〜8％程度です。これでは満足できない、手間をかけてもいいからもっと大きな利益を得たいという人は、個別株投資を選択すべきなのです。

なんといっても個別株は、短期間で資産を何倍にもできる可能性があります。さすがに僕が過去に50倍銘柄をつかんだときは2年近くかかりましたが、**1年あれば2倍3倍はもちろん、10倍になる銘柄はゴロゴロあります。**毎年2倍株を握っていれば、それだけで3年後には資産が8倍に増えるのです。株価指数などに連動

するインデックス投資では、これほどのスピード感で資産を増やすことはできません。

　老後のためじゃなくて、若いうちに大きなお金を手にしたい、短い期間で結果を出したい。だから僕は個別株派なのです。

　少子高齢化が進む日本の企業は成長しないのではないかという声もありますが、僕はそんなことはないと思っています。企業はグローバル化が進んでおり、日本企業も世界に市場を求めて海外進出を進めています。そして、株式市場の中でも新陳代謝は起こっており、成長できない企業が淘汰され、新しい企業が新規上場しています。日本の市場が縮小しているからといって、日本の企業すべてがオワコンということはないのです。

成功を疑似体験し、握力を鍛えよ

　人は保有株に利が乗ると、その利益が大きく育つのを待つのは難しく、早く売ってその含み益を確定してしまいたいという思いに駆られます。その一番の理由は、もともと人間の脳がそういうしくみになっているからなのですが、握っていれば利益が育つということを頭ではわかっていても、腹落ちできていないことも影響していると思っています。

　株価は日々のさまざまな材料でランダムに動いていると思っていると、自分がほれ込んだ銘柄の値動きを信じることができません。握力が持たずに少し利が乗ると利益確定してしまうのは、これだと思った銘柄の株価が大きく成長していく経験をしたことがないことも影響しているのではないでしょうか。「業績が株価を形成する」という株価の根本的な根拠が、腹落ちできていないのです。

ですから、銘柄を握り続ける握力が足りない人は、過去に2倍3倍になった銘柄や10倍になったテンバガー銘柄など、**短期的に株価が大きく上昇した実際のケースを知る必要があります。**それは単に右肩上がりの株価チャートを見て、すごいなあと思うだけでは足りません。

　上昇の初動から最高値を付けるまでの間、その銘柄にどんな環境変化があったか、どんなニュースがあったか、どんな決算が出たのかを調べて、そのときに株価はどんな反応をして、PERは何倍ぐらいになったか、そしてどんな動きをしながら上昇していったのかを、一つひとつ調べながら疑似体験していくのです。

「PERが○倍のとき、時価総額は○円ぐらいで、このときに○％程度の成長率の数字が出て、ストップ高をつけたんだ」
「この決算では○％も増益していたのに、なぜか株価は低迷し、その後、また高値を超えていっているな。謎に下がるケースもあるんだな」
などというふうに、決算の数字に対してその都度株価がどんな反応を示したのか、その後どのように動いていったかということを疑似体験することで、業績が順調に伸びていても予期せぬ下落に見舞われることが多々あることもよくわかります。そして、山あり谷ありな値動きがあっても業績が伸びていれば、いずれ株価は上昇するということを心の底から理解して、腹落ちすることができると思います。

　持ち株が時間をかけて大きく育った経験を持たない人が、この作業をすっ飛ばして、株価が2倍、3倍、そして10倍に伸びていくのを握力強く待ち続けることは難しいはずです。大きな利益を上げるだけの握力は、成功体験によって培われます。こうした成功体

験を持たない人は、このプロセスを経て自分で握力を鍛える必要が
あります。

　こうした株は、「**大化け株**」「**テンバガー株**」などと検索すれば簡
単に見つけられます。その中には、特定の投資家によって株価が意
図的に操作される仕手株や投資家の思惑だけで株価がジェットコー
スターのように急変動する製薬ベンチャーなど、業績が伴わないケー
スも混ざっているので、業績がしっかり成長している銘柄を選ん
でこのシミュレーションにトライしてみてください。

　株価が何倍にも成長する感覚を味わうことが一度でもできれば、
自分の持ち株で同じことを再現すればいいだけなので、握力は劇的
に向上します。逆に上がらない株を塩漬けして資金を拘束し、こう
したチャンスを逃すデメリットの大きさも実感できるので、損切り
も上達するはずです。

どんな銘柄を選べば、50倍株になるのか

　そもそも、このように株価が2倍、3倍そして10倍、50倍と強
く上昇していく銘柄とはどんな銘柄なのでしょうか。業績が伸びて
いる銘柄を買えばそれでいいのでしょうか。
　実はそう簡単な話ではなくて、業績が伸びていても、それが株式
市場から十分に評価されてしまっていると、将来の業績成長の期待
が株価に織り込まれていて既に高くなってしまっています。その段
階に到達してからでは出遅れていて、その後の上昇余地はそれほど
残っていない可能性があります。

　要するに、大きく上がる株というのは、成長しているだけでは不

十分です。**「成長しているのに、その成長にふさわしい評価を受けていない企業」である必要があります。**

このことを、鬼わかりやすいたとえ話で解説しましょう。

A君という学生がいるとします。彼はいまひとつパッとしない学生で、アルバイトで稼ぐお金は月5万ぐらいです。それでも、就活を死に物狂いで頑張った結果、高給で知られる超一流企業から内定を獲得することができました。

この瞬間が、「ごく普通の学生でしかなかったA君が、生涯年収で普通の会社員を大きく上回ることがほぼ確定したタイミング」になります。

これはA君に対する周りの評価が、一気に変わるタイミングでもあります。親戚や友人にはすごいねと一目置かれ、A君のことなど眼中になかった周囲の女子学生も、彼を見る目が変わってきます。なにしろA君は、今はまだ月収5万のバイト学生でも、翌年にはピカピカの高収入ハイスペック男性の仲間入りをするわけですから。

このときがまさに、株でいう**「成長しているのに、その成長にふさわしい評価を受けていない」タイミング**です。現実にはA君の株は取引できませんが、もし買えるのならこのタイミングの前後で買うのがベストです。

株式市場でも企業がこうした局面に差しかかることが頻繁に起きており、**このタイミングを狙えば非常に効率的に資産を増加させていくことができます。**A君の場合は就活の成功がきっかけになりましたが、株式市場で同じことが起こるきっかけは、「業績の急激な変化」になります。

早く資産を増やしたいなら、常にこうした「業績の急激な変化」

を探す目線を持って株式市場に向き合うことが重要です。

なる早で資産を増やしたいなら、
一流企業はスルーせよ
・・・・・・・・・・・・・・・・・・・・・・・・・・・・・・・

　業績の急激な変化を探すというのは、言葉にすれば簡単そうですが、実際はそんなに易しいことではありません。というのも、経験が少ない人ほど、「既に一流になっている企業」に目を惹かれてしまうからです。

　一流企業は名前も知られているし馴染みもあるし、多くの人がその企業が持つブランド力に魅力を感じます。当然、投資先としても安心感があります。こうした考えで銘柄を探すことは投資の正解のひとつではありますが、僕のように**「なる早」で資産を増やしたいという人には向きません。**

　一般的にこうした企業では、現時点から急激な業績の変化があまり期待できないので、**株価の劇的な上昇も見込めない**からです。安定的に配当収入を得たいとか資産をインフレから守りたいといった目的の投資家ならいいのですが、積極的に大きな利益を狙いたい投資家には物足りません。

　こうした一流企業は、A君にたとえると10年その一流企業に勤めて、「エリート会社員」という周囲の評価が定着している状態だと思ってください。いまだに彼をパッとしない学生と思っている人は、ほとんどいない状態です。

　この時点からA君の株を買っても、学生からエリート会社員への転身ほどのインパクトはなく、せいぜい主任から課長に昇進するマイナーチェンジ程度です。ここから社長に上り詰めるようなこと

があれば大化けもあり得ますが、勤続10年程度でその兆候が見えるというのは考えにくいでしょう。

　投資としての効率が良いのは、月収5万のバイト学生から年収2,000万円も夢ではないエリート会社員への変化といった、大きな乖離が見込める初動です。エリート会社員の中から探すのではなく、学生や中小企業の人材から探すほうが効率はグンとアップするのです。

企業の開示資料は重要情報の宝庫

　変化を発見するために、最も信頼できる情報は、企業自身が公表する開示資料です。上場会社は投資判断に影響を与えるような重要情報は、タイムリーに公表することが義務付けられており、これを**適時開示**といいます。四半期ごとの決算も適時開示のひとつですし、そのほかにも多くの情報が公表されているので、気になる企業の適時開示はチェックしておく必要があります。企業のウェブサイトの

IRページのほか、ネット証券の銘柄情報、東京証券取引所のウェブサイトからも閲覧できます。特に重要な開示情報は以下です。

決算短信

　四半期ごとの決算情報を速報で伝える**「決算まとめ」**というイメージです。その四半期の売上、利益などを示した損益計算書や賃借対照表、その業績の背景となった定性的な補足情報などが記載されています。**重要なのは1ページ目に記載されている売上、営業利益、経常利益、純利益と、その期の会社計画値、そして4ページ目にあるコメント**です。決算説明資料を公表している企業の場合は、コメントを省略している場合もあります。

　注目はその四半期の業績ですが、1年間の業績が出る本決算時には、次の期の業績計画も合わせて発表されます。この時期には第3四半期までの数字で本決算の数字がだいたい予測できていることから、本決算の数字よりも来期の業績予想の数字のほうが注目度は高くなります。

決算説明資料

　決算の内容をよりわかりやすく、詳しく解説するための資料です。多くはパワーポイントなどで作成されたカラー資料で、グラフなども多用されているので、とっつきやすい内容です。事業内容や決算の背景まで解説しているものもあり、決算短信で出てきた数字の背景に加え、その企業のビジネスを理解するのに役立ちます。ただし、公表は任意なので、すべての企業が作成しているわけではありません。

有価証券報告書

　企業や自社に関する情報を金融商品取引法に基づいて作成・提出・公開する報告書です。企業の概況や事業状況、財務諸表、リスクなどが記載されています。文字ばかりの分厚い資料で少しとっつきにくいのですが、僕は投資判断の際に、その企業の業績にどのような季節性やリスクがあるのかを調べるのに使っています。受注残（注文を受けているが、まだ納品あるいは出荷していない製品など）の情報も記載されているので、次の期の業績をざっくり予想するときにも役立ちます。

　有価証券報告書は、1年の本決算の際に提出が義務付けられているので、本決算と同時か少し後に出てきます。第1、第2、第3四半期の決算時には有価証券報告書の簡易版のような「四半期報告書」が提出されますが、こちらは廃止しようという動きがあるので、いずれなくなるかもしれませんし、あまり着目しなくて OK です。

中期経営計画（中計）

　企業が3年程度の近い将来の自社のあるべき姿を、数値目標で示した計画です。売上や利益、あるいはその企業が重視する KPIなどの数値目標を設定し、達成するための施策なども合わせて公表するのが一般的です。通常、企業は進行している期の業績目標しか出しませんが、中計を出す企業は数年先の成長をどう志向しているかがわかるので、投資の際の重要な資料になります。実際、前向きな中計を出すことで株価がポジティブに反応することもあります。

月次速報

　毎月の売上を速報で出している企業もあります。3か月ごとの決算を待たずにある程度、業績の動きが推測できます。小売りや飲食

などの業績を予想するのに役立つ情報です。

銘柄探しを超効率化できる便利ツール3選

　開示資料だけでは確認できない情報も、株式情報ツールやサイトを使うと一発で確認できることがあります。本書でも頻繁に登場する僕の愛用ツールを紹介しましょう。次の章からは、開示資料やこれらのツール、サイトをフル活用して、実際に情報収集から投資判断までのプロセスを解説していきます。

1. 銘柄スカウター

　マネックス証券が提供している**日本株分析ツール**です。口座を持っている人なら無料で使えるので、このためだけにマネックスに口座を開設する価値があると思うほど、とても便利なツールです。

　僕が最もよく使っているのは、**「3ヶ月に区切った業績表示」の機能**です。企業の決算短信では四半期の業績を期初からの累計で公表しているので、3か月間の単独の売上や利益を確認する場合は、過去の数字を調べて引き算をする必要があります。しかし、この機能を使えば一発で四半期単独での数字がグラフ表示されるので、直近でどのぐらい成長しているかがひと目でわかるのがとても便利です。

銘柄スカウターの「3ヶ月に区切った業績表示」

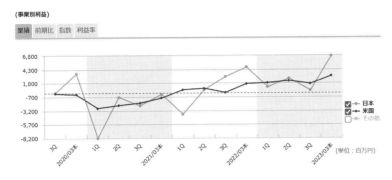

（事業別利益）

`業績` `前期比` `指数` `利益率`

（単位：百万円）

また、セグメントごとの業績推移を表示する機能があり、同じ企業の中でもどの事業が伸びているのかということもすぐわかります。同業他社との比較も簡単で、銘柄をじっくり分析する際になくてはならないツールです。

2. 有報キャッチャー

過去5年分の上場企業の開示情報を検索できる情報サイトです。すべての企業のIR資料を横断で検索できるのはとても便利です。

興味のあるテーマや材料があるときに、それに関連する銘柄を探すことができます。たとえば、ラグビーのワールドカップで恩恵を受けそうな銘柄を調べたいときに、「ラグビー」「W杯」という検索ワードを入れると、これらのキーワードが登場するIR資料を検索できます。

実際に企業の業績にどの程度の影響や恩恵があるかは、自分で調べて見極める必要がありますが、利用も無料なので、**テーマに関連する銘柄を探したいときにフル活用**しています。

3. 会社四季報オンライン

　専門の記者がすべての上場企業に取材した業績コメントと、独自に算出した業績予想を公開しているサイトです。業績予想は進行している期に加えて、会社側も計画を出していない次の期まで、2期分を見られるのがポイントです。

　その情報自体を鵜呑みにするべきではないのですが、取材した記者がその銘柄の未来の業績をどう評価し予想しているかは参考になります。また、新高値を更新した銘柄をチェックするのにも便利です（第5章で詳述）。僕は有料のベーシックプランを使っていますが、ネット証券の各銘柄情報でもこれらの情報は閲覧できますし、新高値更新銘柄の情報は無料会員でも利用できます。有料版であれば、四季報の記事をキーワード検索できるので、有報キャッチャーと同じような使い方も可能です。

第4章

大化け株は
こうやって見つける
～ケーススタディ～

業績が成長しているだけでは、比較的安心感を持ってホールドすることはできても、短期間で何倍にもなるような大きな値上がりを期待するには力不足です。効率的に資産を増やすには、成長しているにもかかわらず、まだ市場からそれにふさわしい評価を受けていない企業に投資する必要があります。

　この章では、具体的に僕がどうやってこうした銘柄を発見し、その評価・分析をしているか、そしてどのように投資判断しているかについて、具体例を交えて解説していきます。

「変化」×「評価不足」はどんな形で表れるのか

　前述したように**バイト月収５万円の学生だったＡ君が、年収2,000万円も夢ではない超一流企業に内定するようなビッグチェンジが企業の中で表れたときが、絶好の投資タイミング**です。そんなビッグチェンジは、具体的にどのような形で企業に表れるのでしょうか。企業の業績の急改善は、主に以下の４つのパターンで表れます。

パターン１　環境の変化

　近年の例でいえば、新型コロナウイルスの感染拡大は大きな環境の変化でした。感染拡大期はもちろん、そこから元の生活に戻っていくことや経済回復も大きな環境の変化となり、それが大きな追い風になる企業もあれば、逆風となる企業もあります。
　急激な原材料高や半導体不足、為替市場の変動なども同様に、大きな追い風を受ける企業が出てきます。

パターン2　国策・金融政策の変化

「国策に売りなし」という相場の格言があります。**政府がなんらかの政策をスタートすることで、特定の産業や業種に強力な追い風が吹く**ことがあります。こうした恩恵を受ける企業に対しては、買い目線で攻めるのがセオリーです。

　さらに、**政府の政策以上に重要な変化となるのが、中央銀行による金融政策の変化**です。もし、日銀がこれまで長い間継続してきた低金利政策を変える動きが見られれば、市場に与える影響は非常に大きくなります。また、世界中の金融市場に強い影響力を持つ**米中央銀行FRB（連邦準備制度理事会）**の金融政策や姿勢の変化も、注目しておく必要があります。

パターン3　M＆A、子会社化

　その企業だけでは成長性がじり貧だった企業でも、特殊な技術を持つ企業や有望なスタートアップを買収して傘下入りさせることで、成長期待が大幅に高まることがあります。既存事業と買収先のビジネスを掛け合わせることで、大きな競争力が生まれることもあります。

パターン4　新製品、新薬、新事業、新サービスの伸び

　企業が画期的な新製品や新サービスをリリースしたタイミングや、**新規事業が急成長をしているような局面は、業績に変化が表れ始めます。**こうした面が顕著なのは製薬会社です。特に、研究や投資が先行して赤字続きだった新興のバイオベンチャーの新薬が承認されたといったニュースは、株価に劇的な変化をもたらします。

　A君の例は、パッとしない学生が大手企業に就職が決まるという

ビッグチェンジが生まれたにもかかわらず、まだ実際に就職していないために周囲からの「評価不足」が生じていました。

　同様に、**企業が稼ぐ金額が一気に増えたり、そうなることが予想されたりするときに、株価の評価が追いつかないケースが生まれます。このタイミングで買い出動すると、その後グングンと株価がその評価不足を埋めるような値動きをすることが多いのです。**この一連の動きは「株価の水準訂正」といわれます。

株価の評価不足は、決算から発見できる

　こうしたビッグチェンジがもたらす企業の業績変化が可視化されるのが、決算です。

　四半期決算は、まずは**「決算短信」**という書類で公表されます。後から（同じ日の場合もある）四半期報告書、あるいは有価証券報告書という正式な書類が出てきますが、まずは速報的な決算短信を見ておけば OK です。

　決算短信で最も重要な個所は 1 ページ目です。その期間の企業活動の実績といえる損益計算書の、**「売上高」「営業利益」「経常利益」「当期純利益」**という各項目の数字が示されます。**特に注目すべきは、売上高と営業利益**です。

「売上高」は、その企業が商品やサービスを売って得た金額です。ただし、この売上高を受け取るまでには、商品を仕入れたり人を雇ったりオフィスの家賃を払ったりと、さまざまな費用がかかっているので、最終的に残る利益はこれらの費用を順に差し引いて計算していきます。

　材料の仕入れなどにかかる費用が**「売上原価」**で、それを差し引いたのが**「売上総利益」**です。そこから、従業員の給料やオフィス

の家賃などの経費である**「販管費」**を差し引いたのが**「営業利益」**です。営業利益は本業での活動で得られた利益なので、投資家はこの数字に注目します。

　この営業利益から、為替損益や利子など本業とは直接関係しない費用や利益を差し引いたのが**「経常利益」**です。

　さらに、子会社や不動産を売却した際の利益や損失など特別損益を除き税金を払って最後に会社に残ったお金が**「当期純利益」**になります。株主への配当はこの当期純利益から支払われます。

　決算短信では、まずは売上高と営業利益に注目します。その期間の実績数値に加えて、前年同期と比べてどのぐらい増減したかも記載されています。

　純利益に注目する人もいますが、企業の成長を占うには本業の利益が重要です。たまたま土地を売ったとか株で儲かったという利益は本業の利益ではないので、将来も同じように期待できる利益ではないからです。あくまで**本業で得た利益である営業利益がグッと増えているかどうかに注目**します。

　ただし、売上が伸びていないのに、営業利益が伸びているケースもあるので要注意です。この場合は、リストラや経費削減で残る営業利益を増やしているケースがほとんどです。コスト削減が悪いわけではないのですが、株価が数倍になる企業は成長の源泉である売上がしっかり伸びている必要があります。**あくまで売上増と営業利益増が両立している企業を見るようにしてください。**売上が増えているのは増収、営業利益が増えているのは増益といわれ、カギはまさにこの増収増益なのです。

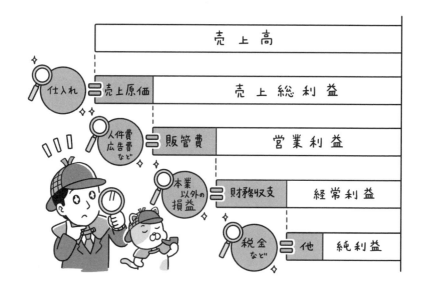

3分速読でビッグチェンジを判断する 3STEP

　前述の通り、まずは増収増益が大前提になりますが、それだけでは足りません。実際、増収増益している割には株価がたいして上がらないということも多くあります。ポイントは、**今までにないレベルで業績が向上している決算に着目する**、という点です。そこで、株価の大幅上昇につながるビッグチェンジを見極める 3STEP をご紹介します。これは僕が実際に行っている方法で、「どの資料の、何の項目を見る」ということが明確なので、10 倍株候補を最速で見極めたい人におすすめです。作業を効率化する便利ツールも活用するので、慣れてくれば、この 3STEP を 3 分ほどで行えるようになります。

STEP1　決算短信を見て、増収増益を確認する

　決算短信の 1 ページ目に載っている「売上高」と「営業利益」の「前年同期比」をチェックし、増収増益を確認します。5％増とい

った１ケタの増収増益は安定成長株としての魅力はあっても、株価の急成長は期待できません。企業規模にもよるので一概にはいえないのですが、**最低でも 15％以上の２ケタ増収と２ケタ増益になっているかをチェック**します。

STEP2　決算短信のコメント欄で、　　　　　増収増益の理由や背景を確認する

　売上高と営業利益が大きく伸びている場合は、**決算短信の４ページ目に「経営成績に関する説明」の欄に四半期の業績について解説やその背景に関するコメントが記載されている**ので、ここで増収増益の背景を確認します。背景がよくわからない場合は、決算説明資料などほかの情報源にもあたってみましょう。環境の変化や国策による追い風、M&Aや新製品・サービスの好調など、前述したビッグチェンジのパターンになにかしらあてはまっていたら注目です。

STEP3　前四半期比（QonQ）での推移を確認する

　第１四半期（1Q、四半期はクオーターと英訳されるので、以下Qと表記）決算であればシンプルに期の初め３か月間の成績ですが、2Q 以降の決算は３か月ではなく期初からの累計で発表されます。つまり、2Q であれば６か月、3Q であれば９か月、本決算である4Q は１年間の成績になります。

　このため、四半期が進むほどに直近３か月単体での成績がわかりにくくなります。たとえば3Q 決算が前年の 3Q 決算と比べて大きく伸びていたとしても、それは 2Q までの伸びが大きくて、直近の３か月では減速している可能性もあります。いくら 3Q までの累計の数字が良くても、QonQ で鈍化しているようなら好業績が継続しそうだとは思えません。

こうした点を確認するためには、最新の決算の数字から前の決算の数字を引き算して、期初からの累計ではなく直近の３か月の成績を確認する必要があります。これが地味に面倒なのですが、前出の「銘柄スカウター」（P70）ならその数字が一発で確認できます。この作業で、直近の四半期の売上高の棒グラフが頭一つ抜き出てきたり、営業利益の折れ線グラフが急角度で上昇しているような勢いづいた様子があるかどうかを確認しましょう。

ビッグチェンジが今後も継続するかも確認しよう

　決算短信に記載されているコメントはごく簡単なものが多いので、同時に公表される決算説明資料や有価証券報告書、四半期報告書などに目を通します。特に決算説明資料はグラフなどを多用したわかりやすいプレゼンテーション資料になっていることが多いので、状況の把握に役立ちます。高い水準の増収増益が継続できると思える背景はあるか、あるいは一時的な伸びでしかないかを確認しましょう。

　加えて、その銘柄が持つ季節の偏重性を確認し、その四半期の好決算が単なる季節要因によるものでなかったかを確認する必要があります。売上や利益が年間を通してほぼ均等に計上される企業もあれば、特定の月に集中するような企業もあるので、こうした傾向を確認して本当にその好決算がビッグチェンジであるかを確認する必要があります。

　季節性を確認するには、決算説明資料や有価証券報告書を「季節性」「偏重」というワードで検索して、特にひっかかってこないようなら大きな問題はないと判断してよいでしょう。

ケーススタディ①　サンケン電気（6707）

投資判断の基本ステップ

　具体例として、サンケン電気の2Q決算（2022年11月4日発表）を見ていきましょう。サンケン電気はアレグロという米国子会社を持つパワー半導体の大手企業です。パワー半導体は電気自動車に使われる部品で、当時は需要に対して供給がまったく足りていない状態で、日本の大手自動車企業もパワー半導体の供給不足で電気自動車の減産を余儀なくされていました。

STEP1　決算短信を見て、増収増益を確認する

　まず業績が伸びているかどうかは、**決算短信の1ページ目上部にある数字ですぐに確認できます。**売上高が前年比22.6％増、営業利益は27.1％増となっています。企業の規模にもよりますが、売上が1,000億円を超える規模で2ケタの増収増益であれば伸びが大きいと判断して、次のプロセスに進みます。

2023年3月期　第2四半期決算短信〔日本基準〕（連結）

2022年11月4日

上 場 会 社 名　　サンケン電気株式会社　　　　　　　　　　　上場取引所　　東
コ ー ド 番 号　　6707　　　　　　　　　　　　URL　https://www.sanken-ele.co.jp/
代 表 者　　（役職名）代表取締役社長　　　　　　（氏名）髙橋 広
問合せ先責任者　　（役職名）IR部長　　　　　　　　（氏名）岩田 卓也　　　　（TEL）048-472-1111
四半期報告書提出予定日　　　2022年11月14日　　　　配当支払開始予定日　　2022年12月5日
四半期決算補足説明資料作成の有無　　：有
四半期決算説明会開催の有無　　　　　：有　　（機関投資家・アナリスト向け）

（百万円未満切捨て）

1．2023年3月期第2四半期の連結業績（2022年4月1日～2022年9月30日）
（1）連結経営成績（累計）　　　　　　　　　　　　　　　　　　　（％表示は、対前年同四半期増減率）

	売上高		営業利益		経常利益		親会社株主に帰属する四半期純利益	
	百万円	％	百万円	％	百万円	％	百万円	％
2023年3月期第2四半期	105,965	22.6	8,196	27.1	8,400	37.3	2,954	50.8
2022年3月期第2四半期	86,421	26.8	6,449	―	6,116	―	1,958	―

（注）　包括利益　2023年3月期第2四半期　23,548百万円（253.0%）2022年3月期第2四半期　6,670百万円（　―%）

STEP2　決算短信のコメント欄で、
　　　　増収増益の理由や背景を確認する

　4ページ目の「経営成績に関する説明」には、下記のような理由が記載されていました。

「自動車向け製品では、xEV 化や ADAS など環境対応の進展並びにサプライチェーンにおける部材確保の動きが継続しました。白物家電向け製品は、引き続きインバータ化、DC モータ化が進展するものの、中国ゼロコロナ政策やウクライナ情勢に起因する景気の減速により計画比で伸び悩みました。産機市場におきましては、サーバー向け製品など高水準な出荷が継続しました。」

　この記載で、増収増益の主な背景は、電気自動車の需要が伸び、部材を確保する動きが強まっていることであることがわかりました。

1．当四半期決算に関する定性的情報
（1）経営成績に関する説明

当第 2 四半期連結累計期間における経営環境は、世界的なインフレの加速やゼロコロナ政策に伴う中国経済の停滞が見られたほか、ロシアによるウクライナ侵攻の長期化、急速な円安の進行等、先行きの不透明感が強まる状況となりました。

こうした環境の下、当社グループでは、当期の重点項目を「構造改革の成果出し」「成長戦略の実現」「ESG経営」「DX推進」「財務戦略の強化」と設定し、成長戦略実現に向けたパワーモジュールを中心とするプラットフォーム製品の開発により、新製品比率を高めるとともに、グリーンボンドを発行し、今後の成長投資に必要となる資金調達を実行いたしました。また、サイバー攻撃に対するセキュリティ監視やクラウド活用によるサーバー基盤の立上げ等、DX基盤の整備を進めた他、DX人材育成研修を開始いたしました。ESG経営につきましては、TCFD提言に基づく取り組みをはじめ、人権尊重・ダイバーシティ、ガバナンスの更なる強化などに取り組み、当社のサステナビリティWebサイトにおける開示情報の拡充を図ってまいりました。

当第 2 四半期連結累計期間の市況環境につきましては、自動車向け製品では、xEV化やADASなど環境対応の進展並びにサプライチェーンにおける部材確保の動きが継続しました。白物家電向け製品は、引き続きインバータ化、DCモータ化が進展するものの、中国ゼロコロナ政策やウクライナ情勢に起因する景気の減速により計画比で伸び悩みました。産機市場におきましては、サーバー向け製品など高水準の出荷が継続しました。

こうした市況環境並びに為替による影響から、連結売上高は1,059億65百万円と、前年同四半期比195億43百万円(22.6%)の大幅な増加となりました。損益面につきましては、第1四半期に米国子会社Allegro MicroSystems, Inc.において一時的な株式報酬費用34億18百万円を営業費用として計上したものの、連結営業利益は81億96百万円と、前年同四半期比17億46百万円(27.1%)の増、連結経常利益は84億円と、前年同四半期比22億84百万円(37.3%)の増、親会社株主に帰属する四半期純利益は29億54百万円と、前年同四半期比9億96百万円(50.8%)の増加となりました。

STEP3　前四半期比（QonQ）での推移を確認する

　2Q 決算では売上高も営業利益も 4 〜 9 月の半年間の累計数字が出てしまうため、直近の 2Q 単体（7 〜 9 月）の 3 か月ではいくらだったのかがわかりません。ここで、銘柄スカウターで四半期毎の推移を確認します。

　すると、2Q 単体では、2018 年からの推移と比較しても最高の営業利益を出していることがわかりました。1Q の売上高と営業利益が 2Q の数字を押し上げているのではなく、むしろ 2Q の営業利益の伸びが非常に力強く、1Q の減益でそれが見えにくくなっていることがわかります。電気自動車の伸長とパワー半導体の需要は、直近で相当強くなっていると推定できます。

　銘柄スカウターの四半期業績推移のグラフで見ると一目瞭然です。棒グラフは売上高で、折れ線グラフが営業利益です。2018 年の本決算から見ても直近の 2Q 決算の数字はダントツで業績がいいこと

が見て取れます。特に営業利益の水準も非常に高く、稼ぐ力が急激に伸びていることがわかります。

サンケン電気の四半期業績推移

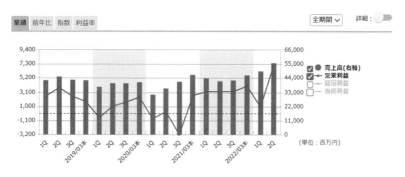

もしこの2Qの営業利益（7,261百万）が3Q以降も続くと考えれば、4倍にして29,044百万を稼ぐ企業に急変したのでは？と想定することが可能です。これがまさに**業績の急激な上昇にあたり、投資の有力候補に躍り出る**ことになります。

サンケン電気の四半期業績　　　　　　　　　　　　　　（単位：百万）

決算期	区分	売上高	（前年比）	営業利益	（前年比）	経常利益	（前年比）	当期利益	（前年比）	EPS
2018/03	本	44,967	0.6%	3,435	23.2%	2,915	8.9%	-424	-125.1%	－円
2018/06	1Q	42,680	3.0%	2,529	24.2%	1,803	19.1%	563	2.9%	23.3円
2018/09	2Q	45,550	2.2%	3,790	10.8%	3,514	-15.3%	1,684	112.3%	69.8円
2018/12	3Q	42,922	-3.0%	2,494	-20.4%	2,139	-33.7%	690	-67.4%	28.6円
2019/03	本	42,498	-5.5%	1,718	-50.0%	1,717	-41.1%	1,030	342.9%	42.7円
2019/06	1Q	37,807	-11.4%	-716	-128.3%	-1,072	-159.5%	-2,133	-478.9%	－円
2019/09	2Q	40,482	-11.1%	1,007	-73.4%	379	-89.2%	-2,089	-224.1%	－円
2019/12	3Q	40,489	-5.7%	1,637	-34.4%	1,771	-17.2%	-3,184	-561.4%	－円
2020/03	本	41,439	-2.5%	2,381	38.6%	1,596	-7.0%	1,847	79.3%	76.5円
2020/06	1Q	31,611	-16.4%	-849	-18.6%	-845	21.2%	-1,576	26.1%	－円
2020/09	2Q	36,527	-9.8%	219	-78.3%	107	-71.8%	-3,313	-58.6%	－円
2020/12	3Q	41,629	2.8%	-3,199	-295.4%	-4,945	-379.2%	-1,248	60.8%	－円
2021/03	本	47,028	13.5%	2,631	10.5%	2,277	42.7%	-815	-144.1%	－円
2021/06	1Q	44,314	40.2%	3,220	479.3%	3,100	466.9%	846	153.7%	35.0円
2021/09	2Q	42,107	15.3%	3,229	1,374.4%	3,016	2,718.7%	1,112	133.6%	46.1円
2021/12	3Q	42,496	2.1%	3,230	201.0%	3,672	174.3%	-372	70.2%	－円
2022/03	本	46,743	-0.6%	4,041	53.6%	3,912	71.8%	1,618	298.5%	67.0円
2022/06	1Q	49,632	12.0%	935	-71.0%	1,173	-62.2%	157	-81.4%	6.5円
2022/09	2Q	56,333	33.8%	7,261	124.9%	7,227	139.6%	2,797	151.5%	115.8円

好業績が継続すると判断できれば、投資OK

　最後に、今後もそれが継続するかを考察します。世の中の大きな動きを考えると、脱炭素化は世界的な潮流であり、今後も電気自動車の需要は伸びこそすれ減ることは考えにくく、増収増益の背景は当面継続してもおかしくないと判断できます。

　また決算短信には下記のような記載もありました。

　「損益面につきましては、第1四半期に米国子会社 Allegro MicroSystems, Inc. において一時的な株式報酬費用 34 億 18 百万円を営業費用として計上したものの、連結営業利益は 81 億 96 百万円と、前年同四半期比 17 億 46 百万円（27.1%）の増」

　要するに、1Q で一時的なコストを 34 億円計上し大幅な減益になったにもかかわらず、2Q でそれをカバーして、さらに 81 億円もの営業利益を出しているのです。

　前章で登場した A 君のようにパッとしない学生からエリート会社員になるほどの変化ではないかもしれませんが、そこそこの中堅企業の会社員が超一流企業に転職して収入が激増したようなものだといえそうです。周囲の評価が一変し、株価の水準が訂正されてもまったくおかしくないというストーリーを描き出すことができるでしょう。ここで、サンケン電気に投資してもよいという判断を下すことができます。

ビッグチェンジ発見後の「最適な買いタイミング」とは

　ビッグチェンジが来ていることを確認して、この銘柄に投資しようと決めたら、いつ買えばいいのでしょうか。

　基本的には、**投資する価値があると納得できた時点で、すぐに買えばいい**と思っています。株価が下がったタイミングを待って、少しでも安く買いたいという気持ちはよく理解できますし、実際待っていれば安く買えるチャンスが到来することもあるのですが、それがいつになるかを予想するのはほぼ不可能です。特に良い決算で突然注目を集めたような銘柄は、そのままどんどん上がっていくことが多いので、待っていても落ちてこないこともあります。

　僕の場合は、決算で注目された企業の場合はすぐに投資しますが、もし下がってきたらそのときにも買い増しができるよう少し余力を残しておきます。

　そうではない場合は、市場全体が下落した日に投資したり、小分けにして投資したりすることもあります。しかし、こうした小手先のテクニックは単なる気休めで、投資成果を大きく左右するものではないと考えています。何倍もの株価成長を狙うのであれば、基本的には足元の小さな値動きにはあまりこだわらなくてもよい、というふうに考えています。

売るタイミングの目安となる「目標株価」の定め方

　急激な業績の向上、いわゆるビッグチェンジを確認できたとしても、株価が今後どこまで上がる余地があるのかというのはそれだけではわかりません。どんどん株価が上昇していくと、早く売却して

利益を確定したくなってしまうものです。中途半端な水準で売却して利益を小さくしないためにも、おおまかでもいいので目標株価を設定し、握力を強化しておく必要があります。

　目標株価を設定するには、以下の3つの方法があります。

1. 直近の四半期決算の利益を4倍してみる

　サンケン電気の事例で考えると、もし2Q単体の営業利益（7,261百万）が続くと考えれば、それを4倍して29,044百万の営業利益を稼ぐ企業に急変したのではないかと想定できます。1年の業績である本決算は4つの四半期の数字を足し合わせたものなので、直近の急伸した四半期の数字を4倍すれば過去の本決算と比較してどれぐらい成長を見込めるかを試算できるからです。純利益で考えると、2Q単体の純利益2,797百万円を4倍し、11,188百万円を稼ぐ企業に変貌したのかも、と考えるわけです。

　もしそれが、前の本決算の数字の倍になっているなら、株価もその決算が公表された時点から倍になってもおかしくないし、1.5倍であれば株価も1.5倍になることが考えられます。

2. 過去の評価通りに考える

　過去にこの銘柄のPERが何倍で評価されてきたのかを調べて、それを将来の株価にあてはめるという方法もあります。銘柄スカウターの「株価指標」のタブをクリックすると、最大過去5年間のPERの平均値を確認できます。そこで、

目標時価総額＝予想通期純利益×過去5年間の平均PER

で計算すれば目標時価総額が見えてきます。目標時価総額が算出できたら、それが現時点の時価総額の何倍になっているかを計算してみましょう。2倍になっていれば、株価も2倍は期待できると判断できます。

前述のサンケン電気の場合は、過去 5 年間の平均 PER が 32.8 倍となっていたので、以下のような計算ができます。

サンケン電気の予想 PER

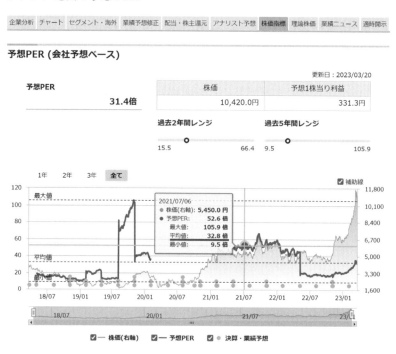

　目標時価総額＝予想通期純利益 11,188 百万円×過去 5 年間の平均 PER 32.8 倍＝ 366,966 百万円

　念のため、過去 5 年間で最も市場の評価が低かったときの PER でも計算し、最低の時価総額も算出しておくと、「これ以上、下がるのはおかしい」と判断できる指標になります。

　最小時価総額＝予想通期純利益 11,188 百万円×過去 5 年間の最小 PER 9.5 倍＝ 106,286 百万円

2Q決算が出たのが2022年11月4日で、翌日の寄り付きの金額は5,430円でした。時価総額でいうと1,363億円です。この時点で最小時価総額は超えていますが、11月7日の時点で買っても、1,063億円以下はあまり考えられないし、最大で3,669億円があり得ると考えると、今から2.6倍になる可能性もあり得ると想定します。株価で考えると2.6倍の14,118円まで上昇してもおかしくないと推定できます。

　上記の計算をもとに、2022年11月7日に投資したサンケン電気の株価は順調に伸び、約4か月後の2023年3月9日には下の画像のように2倍になりました。

　ちなみに決算は3か月に一度発表されるので、2倍になるまでの途中、2月にも決算発表がありました。

　決算発表は、自分の仮説が正しいかどうかを答え合わせするタイミングなので、持ち株の決算は必ず確認しましょう。 前の決算で見

えたビッグチェンジがその後も続いているかを確認し、それが確認
できればホールドを続けます。

　逆に、想定したほど良い決算でなかった場合や、成長に減速感が
見えるようであれば、売却を考える必要があります。

　このときに出てきた3Q決算は、期待通りの良い決算でした。とて
ても強かった2Q単体の数字に上積みしており、自信を持ってホー
ルドを続ける判断ができました。

3. 同業他社と比較する

　3つめの目標株価の設定方法に、同じ業種の企業と比較する方法
があります。これに関しては、具体例で説明していきましょう。

ケーススタディ②　力の源ホールディングス（3561）

同業他社と評価を比較する

　力の源ホールディングス（以下「力の源HD」）は、博多の豚骨
ラーメン「一風堂」を展開する企業です。海外にも店舗を展開して
おり、海外での売上が全体の35％を占めています。

　この銘柄に初めて注目したのは、2022年5月21日でした。株価
がどんどん高値を更新しているのを見て、何があったのか調べてみ
ることにしたのです。

　当時の株価は637円で、時価総額172億円程度の企業でした。1
週間前の木決算（4Q）発表時（2022年5月13日）から、10％ほ
ど上昇している状況でした。

　この銘柄に何があったのか、いつものように銘柄スカウターで四
半期ごとの実績を確認します。

直近の業績である 2022 年 3 月期の本決算は、16.5％の増収、そして、営業利益は 1000％超というとんでもないレベルの増益をマークしています。業績の推移を見ると、2021 年 3 月期の本決算までは営業利益が赤字だったのに、翌 2021 年の 1Q 決算から黒字化し、そこからの伸び率が今までにはない水準になっているのがわかります。

力の源 HD の四半期業績

決算期	区分	売上高	(前年比)	営業利益	(前年比)	経常利益	(前年比)	当期利益	(前年比)	EPS
2018/03	本	6,308	10.3%	237	104.3%	174	75.8%	131	-3.0%	4.7円
2018/06	1Q	6,334	9.9%	87	-15.5%	82	-33.9%	57	-46.2%	2.0円
2018/09	2Q	6,782	12.8%	306	16.4%	328	15.1%	327	27.7%	11.7円
2018/12	3Q	7,110	11.7%	310	2.6%	281	-2.8%	139	-1.4%	5.0円
2019/03	本	7,240	14.8%	254	7.2%	231	32.8%	92	-29.8%	3.3円
2019/06	1Q	7,223	14.0%	100	14.9%	70	-14.6%	120	110.5%	4.3円
2019/09	2Q	7,549	11.3%	349	14.1%	329	0.3%	266	-18.7%	9.5円
2019/12	3Q	7,521	5.8%	255	-17.7%	259	-7.8%	144	3.6%	5.1円
2020/03	本	6,813	-5.9%	-7	-102.8%	-35	-115.2%	-744	-908.7%	－円
2020/06	1Q	3,343	-53.7%	-403	-503.0%	-412	-688.6%	-913	-860.8%	－円
2020/09	2Q	3,729	-50.6%	-507	-245.3%	-534	-262.3%	-1,009	-479.3%	－円
2020/12	3Q	4,938	-34.3%	-21	-108.2%	-34	-113.1%	-103	-171.5%	－円
2021/03	本	4,529	-33.5%	-49	-600.0%	-30	14.3%	-367	50.7%	－円
2021/06	1Q	4,188	25.3%	19	104.7%	24	105.8%	-72	92.1%	－円
2021/09	2Q	4,572	22.6%	243	147.9%	225	142.1%	174	117.2%	6.2円
2021/12	3Q	5,364	8.6%	338	1,709.5%	350	1,129.4%	32	131.1%	1.1円
2022/03	本	5,274	16.5%	450	1,018.4%	484	1,713.3%	789	315.0%	28.1円

海外店舗の躍進であり得ない水準の増収増益に

　銘柄スカウターでは、事業別または地域別での営業利益を確認することもできます。2022 年 3 月期には海外店舗運営事業の回復が著しく、コロナ前にもなかったような良い数字をはじき出しているのが見て取れます。

力の源 HD の事業別・地域別の営業利益

決算期 ▲	区分 ▲	国内店舗運営事業 ▲	海外店舗運営事業 ▲	調整額 ▲	損益計算書計上額 ▲	その他 ▲	国内商品販売事業 ▲
2017/06	1Q	214	51	-148	104	-23	9
2017/09	2Q	312	85	-146	262	-3	16
2017/12	3Q	240	172	-152	303	4	37
2018/03	本	234	183	-156	237	1	-24
2018/06	1Q	113	133	-149	88	-9	1
2018/09	2Q	297	141	-139	305	-7	12
2018/12	3Q	294	131	-169	311	10	45
2019/03	本	207	205	-148	254	-2	-7
2019/06	1Q	105	155	-157	101	-8	7
2019/09	2Q	275	156	-121	349	9	29
2019/12	3Q	130	171	-119	255	9	64
2020/03	本	-69	206	-109	-7	-38	2
2020/06	1Q	-293	-20	-93	-403	-32	34
2020/09	2Q	-143	-291	-87	-507	-55	69
2020/12	3Q	80	-85	-78	-22	-29	91
2021/03	本	-157	10	-68	-48	116	51
2021/06	1Q	36	49	-86	20	2	19
2021/09	2Q	210	54	-69	243	2	46
2021/12	3Q	178	90	-82	338	5	147
2022/03	本	68	418	-85	450	–	–

　そこで、同社が公表している決算説明資料を見ると、国内事業はまだコロナ禍の営業規制で売上が低迷していますが、海外では売上と営業利益が急回復していることがわかりました。

　飲食店など小売り系では、毎月の売上を月次業績動向速報として公表している企業が多くあります。力の源 HD も月次速報を公表しているので確認してみると、海外直営店舗は 2022 年に入ってから前年比で 150％の増収が続いていました。しかも、客一人あたりの売上を示す客単価も 120％と大きく上昇しており、絶好調です。

　国内の状況はといえば、2022 年 5 月当時は、3 月で国内のまん延防止等重点措置が終了した 2 か月後です。そのため、国内でもまん延防止等重点措置の解除で徐々に回復していくことが期待できます。さらに、ゆくゆくはインバウンド客が戻ってきて、国内の売上も劇的に回復するかも、という仮説を立てて投資の判断をしました。

リスク要因と継続性を確認

・・・・・・・・・・・・・・・・・・・・・・・・・・・・・・

　ただ、その後もさまざまな疑問点が浮かんできます。このときは、「ラーメンは夏にはあまり食べないし、季節偏重が大きいのではないか?」「麺の材料となる小麦価格に加え、燃料価格も上昇している。飲食業は電気代やガス代を多く使うイメージがあるが、利益が圧迫されないだろうか?」といったことが気になりだしました。

　季節偏重については、最新の有価証券報告書を確認します。1Q〜3Q 時に公表される四半期報告書には書いていないことも多いので、本決算時に発表される有価証券報告書を見ます。

力の源 HD の有価証券報告書

(2) 国内外における業績の季節変動等について

　当社グループは、創業以来、飲食店の経営を中心に事業を展開しており、主たる事業は、外食店舗運営事業であります。従って、当社グループの業績は外食産業に対する消費者のニーズの変化、当該業界での競争激化の影響を大きく受ける傾向にあります。

　加えて、当社グループの店舗の売上高及び業績は、1年を通して一定ということではなく、季節によって変動する傾向があります。具体的には、国内においては、春休み(3月)、ゴールデンウィーク(5月)、夏休み(7〜8月)及び年末年始(12〜1月)などの繁忙期に売上高が増加する一方、梅雨シーズンなどの閑散期には売上高が落ち込む傾向があります。海外においても、展開する国ごとの気候・天候、特有のイベント、休暇、生活習慣等により売上高が変動します。

　また、繁忙期に台風、酷暑、厳寒などの天候の悪影響が及んだ場合や新規出店が閑散期と重なり、かつ多数出店することによるオープン時の一時費用の負担割合が売上高に比して高くなった場合には、当社グループの売上高及び営業利益が減少する可能性があります。

　すると、国内の梅雨のシーズンが閑散期になると記載されていますが、そのほかの四半期ではいずれも繁忙期があり、売上は増加する傾向があることがわかりました。これまでの業績と照らし合わせても、国内の 1Q はほかのシーズンに比べて少し弱い傾向にあるようです。

　しかし、海外の季節偏重については記載がなかったので、IR に問い合わせをしたところ、「国ごとに変動が異なり、国内ほど四半期の変動は大きくないというのが過去の傾向値です」という回答を

得ました。そこから、海外についてはこの好調が継続するが、国内については次の四半期となる1Q決算も引き続きあまり良くないだろうという仮説を立てました。

　もうひとつの疑問である、原料価格や電気代の高騰の影響については、決算説明資料に「価格転嫁（原料価格や光熱費等のコスト上昇分を製品の価格に上乗せすること）はしています」という記載はありましたが、それが公表された後にもさらに電気代や小麦の価格が上昇していて心配になったので、こちらもIRに確認しました。

　ダイレクトに「電力代や材料費の価格高騰による御社への影響はどうでしょうか？」と尋ねたところ、「価格転嫁できているので問題はありません。特に海外については単価が130％増と大きくアップできていますので、材料費、電力費の高騰を吸収できていると考えていただいて問題ございません」という回答でした。
　だったら、当面は大きな不安材料もなさそうだし、まだ売却せずにホールド継続で大丈夫そうだ、と判断しました。

同業他社と利益や時価総額を比較してみる

　ここで、目標株価を精査します。**銘柄スカウターには同業他社と数字を比較できる便利な機能があるので、これを使って分析**していきます。

　力の源HDの場合、海外店舗の急回復というのが非常に重要な要素になっているので、同じように海外展開をしている飲食店と比較するのがよさそうです。そこで、丸亀製麺の**トリドールホールディングス（トリドールHD）**、いきなりステーキの**ペッパーフード**

サービス、**サイゼリヤ**、築地銀だこを展開する**ホットランド、吉野家ホールディングス**を選びました。

2022年5月21日当時の最新データで比較すると、力の源HDの営業利益の額は、ホットランド（国内608店・海外68店）の数字に近いことがわかります。その当時の時価総額を比較すると、ホットランドが290億円であるのに対し、力の源HDが172億円です。

同業他社との比較

銘柄名 (銘柄コード)	力の源H (3561)		トリドールH (3397)		ペッパーFS (3053)		サイゼリヤ (7581)		ホットランド (3196)		吉野家H (9861)	
業種	小売業		小売業		小売業		小売業		小売業		小売業	
お気に入り登録 / 銘柄詳細	☆ / 株価を見る		☆ / 株価を見る		☆ / 株価を見る		☆ / 株価を見る		☆ / 株価を見る		☆ / 株価を見る	
決算期(月数)	2022/03 (3か月)		2022/03 (3か月) I		2022/03 (3か月)		2022/02 (3か月)		2022/03 (3か月)		2022/02 (3か月)	
売上高・営業収益	5,274	(16.5)	36,433	(7.3)	3,537	(-28.6)	35,250	(17.2)	7,871	(5.3)	40,126	(-7.7)
営業利益	450	(1,018.4)	-263	(95.3)	-397	(18.1)	173	(115.0)	492	(11.3)	970	(96,900.0)
経常利益	484	(1,713.3)	-13	(99.8)	-54	(86.6)	4,024	(669.2)	1,041	(-16.5)	4,550	(136.0)
当期利益	789	(315.0)	-142	(95.6)	-67	(83.5)	2,575	(416.0)	692	(-12.8)	1,963	(198.0)
1株当たり利益	29.8 円	(-)	- 円	(-)	- 円	(-)	52.8 円	(-)	32.1 円	(-12.8)	30.4 円	(-)

次の四半期業績推移のグラフを見てみても、力の源HDの業績の戻りが一番顕著に右肩上がりに見えました。

6社の四半期業績推移

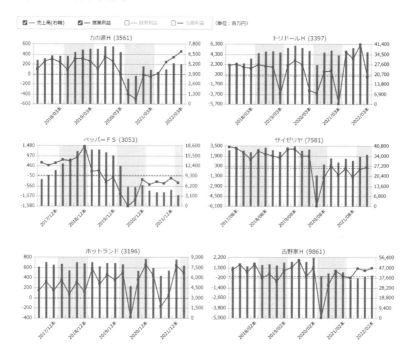

　現時点の利益額を考えれば、力の源HDにはホットランド並みの時価総額があってもいいはずです。

　しかも、力の源HDの海外売上は単価も利益も今までになかったほどに上昇しているのに対し、当時のホットランドは売上も利益も停滞気味でした。**この状態でホットランドに負けているのは明らかに評価不足**であり、力の源HDの時価総額はホットランド並みでも足りず、むしろ大きく超えてきてもおかしくないのでは、というように考えました。

　当時のホットランドの時価総額は力の源HDの約1.6倍だったため、株価で考えても1.6倍程度までは伸びそうだと推測できました。発見当時、力の源HDの株価は637円だったので、株価は1,000円

近くになってもおかしくないと計算しました。

　ただ、これは最低でもこれくらいの株価はいきそうだ、という控えめな計算です。もし力の源HDが、4Qに出した営業利益4.5億という数字を今後も継続するなら、季節性を考慮しても通期で営業利益15〜16億円程度は見込めるのではないか、と考えられます。

　その後続いて出てきた1Q、2Q、3Qそれぞれの決算も、業績の急回復を感じさせる内容で、月次速報を見てもとても力強い回復が確認できました。

ホールド中も目標株価は更新し、利を伸ばそう

　ホールドして4か月後となる9月末の時点で、再度競合との比較をしてみました。今度は力の源HDと同様に麺類をグローバル展開している丸亀製麺の**トリドールHD**を比較対象にしてみます。

　トリドールHDの売上の海外比率は26.8%で、当時の通期営業利益の四季報予想は108億円、時価総額は2,677億円という評価でした。

　麺類のグローバル展開という類似のビジネスを展開するトリドールHDの時価総額は、営業利益の25倍程度で評価されていることになります。力の源HDで次の期に想定される営業利益が15億円だとすると、その25倍は375億円です。そのぐらいの評価はあってしかるべきではないかと計算しました。

　それなのに、当時の力の源HDの時価総額はわずか234億円でした。ホットランドだけでなくトリドールHDと比べても評価が不足しています。競合他社並みに、評価が早く追いついてこないかなと思いました。

　こうして自分自身で分析をして、おおまかながらも目標株価を導

き出すことで、**株価の上昇で利がある程度乗っていたとしても、ま
だ利益は伸ばせる、と自信を持ってホールドすることができます。**
結果として、株価はこの仮説通り、海外と国内の業績の復活に伴っ
てグングン伸びていきました。

　僕が力の源 HD の可能性に気づいたのが、2022 年 3 月期の本決
算が出た約 10 日後の 2022 年 5 月 21 日でした。その後、株価はこ
のチャートのようになり、637 円が 1,474 円まで上昇しました。

力の源 HD の週足チャート

力の源 HD の四半期業績推移

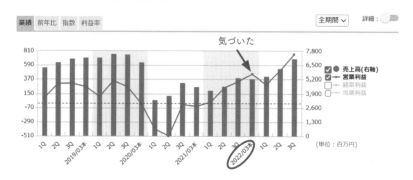

力の源 HD の四半期業績

決算期	区分	売上高	(前年比)	営業利益	(前年比)	経常利益	(前年比)	当期利益	(前年比)	EPS
2018/06	1Q	6,334	9.9%	87	-15.5%	82	-33.9%	57	-46.2%	1.9円
2018/09	2Q	6,782	12.8%	306	16.4%	328	15.1%	327	27.7%	10.9円
2018/12	3Q	7,110	11.7%	310	2.6%	281	-2.8%	139	-1.4%	4.6円
2019/03	本	7,240	14.8%	254	7.2%	231	32.8%	92	-29.8%	3.1円
2019/06	1Q	7,223	14.0%	100	14.9%	70	-14.6%	120	110.5%	4.0円
2019/09	2Q	7,549	11.3%	349	14.1%	329	0.3%	266	-18.7%	8.9円
2019/12	3Q	7,521	5.8%	255	-17.7%	259	-7.8%	144	3.6%	4.8円
2020/03	本	6,813	-5.9%	-7	-102.8%	-35	-115.2%	-744	-908.7%	ー円
2020/06	1Q	3,343	-53.7%	-403	-503.0%	-412	-688.6%	-913	-860.8%	ー円
2020/09	2Q	3,729	-50.6%	-507	-245.3%	-534	-262.3%	-1,009	-479.3%	ー円
2020/12	3Q	4,938	-34.3%	-21	-108.2%	-34	-113.1%	-103	-171.5%	ー円
2021/03	本	4,529	-33.5%	-49	-600.0%	-30	14.3%	-367	50.7%	ー円
2021/06	1Q	4,188	25.3%	19	104.7%	24	105.8%	-72	92.1%	ー円
2021/09	2Q	4,572	22.6%	243	147.9%	225	142.1%	174	117.2%	5.8円
2021/12	3Q	5,364	8.6%	338	1,709.5%	350	1,129.4%	32	131.1%	1.1円
2022/03	本	5,274	16.5%	450	1,018.4%	484	1,713.3%	789	315.0%	26.3円
2022/06	1Q	5,486	31.0%	287	1,410.5%	370	1,441.7%	300	516.7%	10.0円
2022/09	2Q	6,205	35.7%	512	110.7%	559	148.4%	394	126.4%	13.1円
2022/12	3Q	7,143	33.2%	762	125.4%	680	94.3%	507	1,484.4%	16.9円

　業績のビッグチェンジが見え始めていて、なおかつ同業他社と比較して評価が遅れている場合、業績のさらなる向上に伴って株価という評価も伸びていきます。業績を見ながら、**競合他社と比較することで、最低でもここまでは伸びるはずだという根拠を設定できるので、自信を持ってホールドすることが可能になります。**

株を売却するベストタイミングとは

　目標株価を設定することはとても重要ですが、1 円単位で正確に設定して、その通りに利益確定するような必要はないと思っています。売り時というのは投資家の心理状態が作り出す市場のムードに左右されやすく、信頼に足る絶対的な基準もないので判断は非常に難しいものです。僕自身もそれほど厳密には計算しておらず、だいたいの目安としておおまかに設定しています。

　基本的には良い決算が出てくる状態が継続している間や、含み損が 8%に達しない限りは持っておくという考えでいます。満足できる利益が出たからなんとなく利益確定するようなことは絶対にしま

せん。利益確定のポイントは、以下の2つにまとめられます。

1. シナリオが崩れたら売却

　投資する前に立てた仮説が崩れたときに、売る判断をします。たとえば、力の源HDであれば、海外でのラーメン人気に陰りが見えてきたり、国内での一風堂の評価が相対的に下がって集客力が落ちる兆しが見えたりするようなことがあれば、投資判断の根拠となった仮説が崩れたと判断して売却するようなイメージです。

2. 目標株価に達したら売却

　P87で説明したように、直近の良い四半期決算の単体での営業利益の額を4倍し、過去5年間の最低PERと平均PERからおおまかな目標時価総額を算出して、株価が何倍まで上がる余地があるかを計算します。

　この場合は、季節の偏重性がないかという点と、一時的な伸びではないかという点に注意してください。わからないときはIRに電話して「今後も継続するものと期待して良い性質の利益でしょうか？」と直接聞くのもいいと思います。

　この目標株価の計算については、もうひとつ具体的な事例で解説します。

ケーススタディ③　ジェイリース（7187）

過去のPERから目標株価を推測する

　ジェイリースは賃貸不動産などの入居者向けに、家賃保証を提供する企業です。

昔であれば、不動産を借りる際は保証人をつけるのが一般的でしたが、2020年4月に民法が改正され、連帯保証人が保証できる金額に制限がかかることになりました。これは不動産オーナーにとって、連帯保証人をつけてもらっても賃料の全額を回収できなくなるリスクが発生することになります。

　そこで需要が増えたのが、ジェイリースが提供する家賃保証サービスでした。

　下の業績の推移を見ると2020年6月期の1Q決算で、それ以前よりもケタがひとつ多い1.5億円（前年比194%増）の営業利益を叩き出しているのが目を引きます。

ジェイリースの四半期業績（2020年6月期まで）

決算期	区分	売上高	（前年比）	営業利益	（前年比）	経常利益	（前年比）	当期利益	（前年比）	EPS
2018/03	本	1,460	18.5%	-45	-150.0%	-73	-185.9%	-90	-228.6%	－円
2018/06	1Q	1,431	20.5%	11	-80.0%	0	-100.0%	6	-77.8%	0.7円
2018/09	2Q	1,423	23.3%	-217	-2,072.7%	-229	-11,550.0%	-202	-20,100.0%	－円
2018/12	3Q	1,502	23.1%	23	1,250.0%	14	216.7%	-24	-166.7%	－円
2019/03	本	1,726	18.2%	82	282.2%	69	194.5%	71	178.9%	8.0円
2019/06	1Q	1,631	14.0%	51	363.6%	40	－%	20	233.3%	2.3円
2019/09	2Q	1,588	11.6%	37	117.1%	26	111.4%	11	105.4%	1.2円
2019/12	3Q	1,626	8.3%	37	60.9%	23	64.3%	-31	-29.2%	－円
2020/03	本	1,899	10.0%	30	-63.4%	16	-76.8%	24	-66.2%	2.7円
2020/06	1Q	1,740	6.7%	150	194.1%	135	237.5%	83	315.0%	9.3円

　その前の期は、1年かけて1.5億の営業利益にとどまっていたのに、1Qだけで前年1年分の数字を叩き出している背景には、何かがあると思い、深掘りすることにしました。

　決算短信や決算説明資料には、「改正民法による連帯保証人の保証限度額設定の義務化等により好調に推移」「業務効率化や経費削減」といった記載がありました。

ジェイリースの 2021 年 3 月期決算短信

ジェイリース株式会社(7187) 2021年3月期 第1四半期決算短信

1．当四半期決算に関する定性的情報
（1）経営成績に関する説明
　　当第 1 四半期連結累計期間におけるわが国経済は、新型コロナウイルス感染症拡大の影響により、極めて厳しい状況が続きました。政府による緊急事態宣言解除後は、感染症拡大の防止策を講じつつ経済活動レベルを段階的に引き上げた結果、持ち直しの動きが見られましたが、引き続き国内外の感染症の動向や先行きは不透明な状況が続いております。
　　当社を取り巻く賃貸不動産業界におきましては、少子高齢化、晩婚化の進行とともに単身世帯が引き続き増加傾向にあり、入居需要は底堅く推移しており、また、家賃債務保証に対する需要は、2020年4月に施行された改正民法による連帯保証人の保証限度額設定の義務化等により好調に推移しておりました。そのような中、新型コロナウイルス感染症の影響により、特に緊急事態宣言下において引越件数が減少し、家賃債務保証の申込数も減少しましたが、緊急事態宣言解除後は、回復基調で推移しました。
　　このような環境の下、当社グループは、顧客（不動産会社、賃貸人、賃借人）に寄り添った丁寧な対応を徹底し、債権管理業務や与信審査の強化を図るとともに、引き続き業務効率化や経費削減に取り組んでまいりました。
　　これらの結果、当第 1 四半期連結累計期間の売上高は1,740,724千円（前年同期比6.7％増）、営業利益は150,203千円（前年同期比191.1％増）、経常利益は135,665千円（前年同期比231.9％増）、親会社株主に帰属する四半期純利益は83,610千円（前年同期比317.2％増）となりました。
　　セグメントごとの経営成績は次のとおりであります。

　法律が改正されたことによる需要の増加は、今後も継続が期待できるビッグチェンジのパターンだと推測します。

　1Q で 1.5 億円の営業利益を出せるのなら、残りの 3 四半期を加えた通期では、その 4 倍となる 6 億円の営業利益を年間で叩き出してもおかしくないのでは、と考えられます。

　それに対して、この 1Q 決算が発表された翌営業日の寄り付きのジェイリースの時価総額は 33 億円でした。銘柄スカウターで過去の PER の推移を見ると、最小でも 11.7 倍、平均値では 23 倍程度であることがわかりました。

　過去の業績を見ると、ざっくりした傾向として営業利益の 65％程度が純利益として最終的に残っています。もし同社が年間で 6 億円の営業利益を計上できるとしたら、その 65％である 3.9 億円が、期待できる純利益の額と想定できます。

　PER は今まで、最小でも 11.7 倍から平均で 23 倍の評価を受けてきたことを考えると、ざっくりと以下のような計算ができます。

ジェイリースの PER 実績

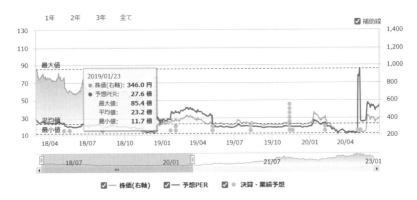

仮想純利益 3.9 億円 × 過去の最小 PER 11.7 倍
＝想定最低時価総額 45.6 億円
仮想純利益 3.9 億円 × 過去の平均 PER 23 倍
＝想定平均時価総額 89.7 億円

　この計算によって、目標とする時価総額は、45.6 億円から 89.7 億円の間だと想定できるので、その当時の時価総額 33 億円は明らかに評価不足です。33 億円の時価総額は最低でも 45.6 億円、うまくいけば 89.7 億円までは上昇余地があると期待できる、と考えて投資できます。45.6 億円であれば 33 億円の 1.38 倍、89.7 億円であれば 2.7 倍ということになるので、株価もその程度の上昇は十分あり得ると考えるわけです。

　投資の時点ではここまで詳細に目標株価を計算できていなくても、上昇余地が確信できれば買って OK です。保有しながら仮説の精度を上げていき、**目標株価を設定しながらそのシナリオが継続するまでは利を伸ばす方法が最も効率的**といえるでしょう。

　現実に、ジェイリースはその後も好調な決算が継続し、通期の営

業利益は9.43億円と前期比508％増という数字を計上しました。翌期
も前期比で109％増となる19.7億円の営業利益を叩き出しています。

ジェイリースの四半期業績（2022年12月期まで）

決算期 ▲	区分 ▲	売上高 ▲	(前年比) ▲	営業利益 ▲	(前年比) ▲	経常利益 ▲	(前年比) ▲	当期利益 ▲	(前年比) ▲	EPS ▲
2018/06	1Q	1,431	20.5%	11	-80.0%	0	-100.0%	6	-77.8%	0.7円
2018/09	2Q	1,423	23.3%	-217	-2,072.7%	-229	-11,550.0%	-202	-20,100.0%	一円
2018/12	3Q	1,502	23.1%	23	1,250.0%	14	216.7%	-24	-166.7%	一円
2019/03	本	1,726	18.2%	82	282.2%	69	194.5%	71	178.9%	8.0円
2019/06	1Q	1,631	14.0%	51	363.6%	40	一%	20	233.3%	2.3円
2019/09	2Q	1,588	11.6%	37	117.1%	26	111.4%	11	105.4%	1.2円
2019/12	3Q	1,626	8.3%	37	60.9%	23	64.3%	-31	-29.2%	一円
2020/03	本	1,899	10.0%	30	-63.4%	16	-76.8%	24	-66.2%	2.7円
2020/06	1Q	1,740	6.7%	150	194.1%	135	237.5%	83	315.0%	9.3円
2020/09	2Q	1,758	10.7%	177	378.4%	171	557.7%	109	890.9%	12.3円
2020/12	3Q	1,905	17.2%	317	756.8%	309	1,243.5%	196	732.3%	22.1円
2021/03	本	2,198	15.7%	299	896.7%	296	1,750.0%	164	583.3%	18.5円
2021/06	1Q	2,174	24.9%	451	200.7%	443	228.1%	302	263.9%	34.0円
2021/09	2Q	2,195	24.9%	432	144.1%	425	148.5%	280	156.9%	31.5円
2021/12	3Q	2,260	18.6%	483	52.4%	476	54.0%	323	64.8%	36.4円
2022/03	本	2,533	15.2%	605	102.3%	602	103.4%	435	165.2%	49.0円
2022/06	1Q	2,634	21.2%	613	35.9%	609	37.5%	415	37.4%	46.7円
2022/09	2Q	2,610	18.9%	604	39.8%	598	40.7%	424	51.4%	47.7円
2022/12	3Q	2,672	18.2%	576	19.3%	583	22.5%	395	22.3%	44.5円

　業績の向上に伴い株価もどんどん伸びていき、1年3か月程度で
371円から2,400円ほどまで上がり、約6.5倍の株価上昇を達成し
ました。

ジェイリースの日足チャート

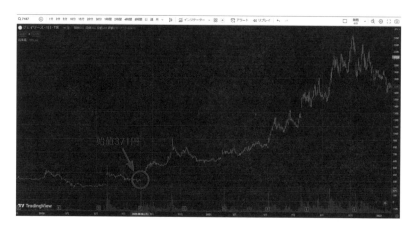

始値371円

嬉しいことに、その間は配当も払い出されていたため、配当収入も得ることができています。投資した当時の時価総額は33億円、それが一気に7倍近い213億円まで企業価値が向上したことになります。

　このように短期間に急激に企業価値が向上するタイミングに株を保有していることが、非常に効率の良い投資になります。

株には期待と不安のサイクルがある

　株には、誰にも注目されていない状態である「**無関心**」に始まって、疑いながらも少しずつ期待が集まる「**期待感〜懐疑**」のフェーズ、そして期待がどんどん高まって頂点に達したときに、もう天井ではないかという不安が顔をのぞかせます。このフェーズが「**期待の頂点（出尽くし）〜不安の始まり**」です。

　不安が高まって株価が下落し、その下落の反動上昇で利益を狙う「**不安感／リバ取り**」のフェーズを経て、徐々に無関心に戻るというサイクルを繰り返す性質があります。リバ取りとは、リバウンドを取りに行く手法のことで、短期的に大きく株価が下がったときに「ここまで下がったのだから、上がるだろう」と、一時的な反発にかけて利益を得ようとする動きを意味します。

　ベストな買い時は、疑いと期待が入り交じる「期待感〜懐疑」のタイミングです。そして**ベストな売り時は、「期待の頂点（出尽くし）〜不安の始まり」**です。特に売り時は重要で、このタイミングを逃してしまうと、突然暴落が始まり巻き込まれる可能性もあるので、たとえ目標株価に到達していなくても期待感が剥落するサインが見えたら速やかに売却するのが鉄則です。

逆に、**絶対に投資してはいけない買いのワーストタイミングは、**
「期待の頂点〜不安の始まり」の付近です。この最悪のタイミング
で投資してしまうと、買ったとたんに下落して、大きな損失を出し
てしまうことになります。

株価のサイクル

　一般的に成長株投資は、配当狙いや積み立てなどに比べてリスク
が高いといわれますが、僕はなるべく安全に、しかしなる早で、資
産を増やしたいと考えています。下落しているタイミングで投資す
るのは論外としても、株価が全然上がらず横ばいで推移している
ときに投資してしまうと、その間資金が無駄に拘束されて「なる早」
が達成できなくなってしまいます。

ケーススタディ④　ダブル・スコープ（6619）

株価のサイクルを読む

　株価のサイクルを理解するための具体例として、ダブル・スコープのケースを見てみましょう。ダブル・スコープは韓国で電気自動車に使われるリチウムイオンバッテリーの部材のひとつであるセパレーターを製造販売している企業です。

　無関心フェーズである株価ヨコヨコの期間を経て、期待感が出始めたのは韓国にあるダブル・スコープの子会社が韓国で上場するタイミングが見え始めたあたりです。

ダブル・スコープの週足チャート

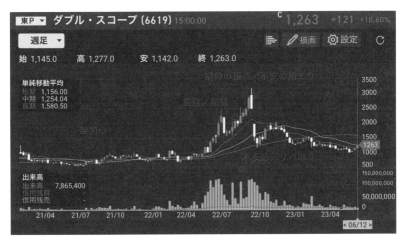

　噂ではこの子会社が2022年の6月中に上場するのではないかとか、下半期で上場するとかささやかれていました。2022年5月末時点のダブル・スコープ本体の時価総額は500億円程度でしたが、子会社の評価額が4兆〜5兆ウォン（3,800億〜4,800億円）と親

会社の 10 倍近い額が見込まれていました。ダブル・スコープがこの大きな評価を受けている企業（子会社）の株式を半分ほど持っているという状態です。

「子会社がそれだけの評価を受けるのであれば、親会社の評価も高まるのでは？」という期待感から、同社の株価は 2022 年 5 月ごろの 900 円程度からグングンと上昇し始めました。

　投資をするなら、この懐疑がありつつも期待を帯びて株価が上がり始めたタイミングが、最も効率が良くなります。　同社の上昇相場はその後 3 か月半ほど続き、株価は約 900 円から 3,175 円まで駆け上がりました。

　ところが、子会社が上場する予定日の 2 週間ほど前に、その評価が期待ほどには高くならない公算というニュースが出たのを機に、ダブル・スコープ株は連続でストップ安をつける急落に見舞われます。株価は 3,175 円を頂点に、一気に 1,469 円まで下落。たった 5 営業日で半値以下に落ちるというジェットコースターのような凄まじい暴落でした。

　これが「期待の頂点（出尽くし）〜不安の始まり」にあたり、材料株などでは同一のタイミングでこのような動きが見られます。9 月中には 9 月末に子会社が上場するスケジュールが出ていたので、こういった「運命の日」にあたるタイミングで株を保有していると、一番大きくやられる可能性が高まります。

　こうしたことを避けるためにも、投資する際には、何が期待されて株価が上がるのか、そしてその期待がいつ弾ける可能性があるかを事前に把握しておき、危険なタイミングまでには株を手放す判断も必要になってきます。

ダブル・スコープの株価はその後、不安感がある中、一時的に回復する動きがあって、その後はまた無関心に戻っていきました。

　この一連の流れはダウ理論と表現されることもあり、株式投資をするならぜひ覚えておきたいサイクルです。基本的に上昇トレンドは期待があるときに始まり、懐疑で押し目を作りつつも、また上昇することで上昇トレンドを作り、その期待が剥落し不安と一時的な回復を繰り返す局面が下落トレンドを作り出すという理解でOKです。

　利益確定や損切りのタイミングに迷ったときは、その銘柄に対して市場がどんな思いでいるかを考えてみることをおすすめします。今は期待されているときなのか、それとも不安が大きくなっているときなのか、という点が見えてくれば、ホールドか売却かの選択で大きな間違いを犯すことはなくなると思います。

ケーススタディ⑤　Abalance（3856）

時流の追い風に乗る銘柄に注目する

　最後のケーススタディとして、時流に乗るテーマを持つ銘柄を狙う例を紹介しましょう。

　Abalanceは世界でトップ20に入る製造力を持つ太陽光パネルメーカーです。自社で製造したパネルを活用した太陽光発電所も展開しています。風力発電も展開するほか、ベトナムの太陽光パネル会社を子会社化し、太陽光パネルのリサイクルも展開するなど、世界で加速する脱炭素や自然エネルギーのトレンドに乗る銘柄を探していたときに発見し、ウォッチを始めた銘柄です。

　銘柄スカウターで四半期ごとの業績を見ると、2022年6月期の

本決算から営業利益がグンと伸びているのがわかります。それまで
は前年度比減益だったのが急に増益に転換しているばかりか、3ケ
タ、4ケタという尋常ではない伸び率を示しています。これがまさ
に**「急激な変化」**にあたります。

Abalance の四半期業績推移

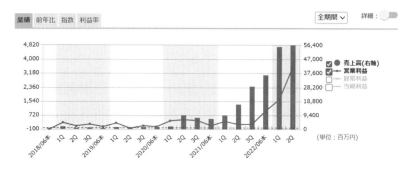

Abalance の四半期業績

決算期	区分	売上高	(前年比)	営業利益	(前年比)	経常利益	(前年比)	当期利益	(前年比)	EPS
2018/06	本	870	-33.3%	-93	64.1%	-126	48.8%	-144	47.6%	一円
2018/09	1Q	2,138	183.9%	282	304.3%	276	295.7%	177	292.4%	10.5円
2018/12	2Q	1,203	-68.9%	93	-90.0%	104	-88.5%	86	-86.8%	5.1円
2019/03	3Q	1,533	-15.1%	189	-17.1%	180	-24.1%	91	-73.4%	5.4円
2019/06	本	1,110	27.6%	44	147.3%	6	104.8%	-38	73.6%	一円
2019/09	1Q	1,828	-14.5%	253	-10.3%	183	-33.7%	106	-40.1%	6.3円
2019/12	2Q	1,232	2.4%	-41	-144.1%	-62	-159.3%	-51	-159.3%	一円
2020/03	3Q	1,821	18.8%	101	-46.6%	83	-53.9%	28	-69.2%	1.7円
2020/06	本	1,797	61.9%	48	9.1%	101	1,583.3%	128	436.8%	7.6円
2020/09	1Q	1,923	5.2%	390	54.2%	335	83.1%	192	81.1%	11.4円
2020/12	2Q	9,650	683.3%	455	1,209.8%	546	980.6%	156	405.9%	9.3円
2021/03	3Q	7,971	337.7%	405	301.0%	333	301.2%	234	735.7%	13.9円
2021/06	本	7,357	309.4%	111	131.3%	55	-45.5%	-45	-135.2%	一円
2021/09	1Q	9,805	409.9%	354	-9.2%	271	-19.1%	855	345.3%	50.9円
2021/12	2Q	16,850	74.6%	178	-60.9%	69	-87.4%	-52	-133.3%	一円
2022/03	3Q	28,997	263.8%	191	-52.8%	146	-56.2%	-27	-111.5%	一円
2022/06	本	36,783	400.0%	974	777.5%	1,024	1,761.8%	91	302.2%	5.4円
2022/09	1Q	55,729	468.4%	1,629	360.2%	1,444	432.8%	531	-37.9%	31.6円
2022/12	2Q	56,342	234.4%	3,538	1,887.6%	4,416	6,300.0%	1,738	3,442.3%	103.4円

　ターニングポイントは、2022年6月期の本決算（4Q）の発表で
す。その前の3Q決算では、営業利益1.91億円だったのに、本決
算で営業利益9.74億円と5倍以上という尋常ではない伸びとなっ

ています。これが発表されたとき（2022年8月15日）が、急上昇が見込めるベストタイミングです。

　ただ、このときに注意すべきは、**この業績の急激な変化が一時的なものであれば、意味はない**ということです。

　前述したA君の例でいえば、一流企業に内定したことで今後見込める収入が大幅アップするのと、親からの相続でその年の収入だけが一時的に上がったのとでは、意味がまったく異なります。

　株式市場では、こうした**一時的な利益に対しては、ほとんど評価を受けられません。株価の上昇につながるのは、今後も継続すると期待できる利益です。**そのため、業績の急上昇が見られた場合は決算短信や決算説明資料を見て、業績が向上した理由や背景を確認するプロセスが不可欠です。その理由が今後も継続しそうな理由であれば、買いの候補として残るという流れになります。

　Abalanceの場合、当時の決算短信には下記のように記載されています。

「部材調達価格の交渉や調達先の見直し、更なる生産効率化等によるコスト改善、客先への価格転嫁交渉等を行い、第2四半期以降はセグメント利益も大きく改善しております。」

　一度値上げした製品をすぐまた値下げするのは考えづらいため、今後も継続しそうな背景だと判断できます。

Abalance の 2022 年 6 月期決算短信

１．経営成績等の概況
（１）当期の経営成績の概況
　当連結会計年度における経営成績

〜〜

　このような外部環境のもと、当連結会計年度においては、ベトナム法人のVSUN社が営む太陽光パネル製造事業、WWB株式会社、株式会社バローズが主に担うグリーンエネルギー事業が、連結業績を大きく牽引いたしました。太陽光パネル製造事業を営むVSUN社にて、コロナ禍やウクライナ危機等に伴う影響を考慮し、段階損益は当初予想の各数値を据置きとしつつ、当初計画を大きく超過する欧米市場等からの受注増を受けて、通期連結売上高を当初予算の350億円から700億円へと大幅な増収となり、年次決算と同時発表にて、連結売上高の上方修正を発表しております。
　製造用部材価格の値上がりや、世界的なコンテナ不足等を背景とする海上輸送費の高騰化により、主力の太陽光パネル製造事業が一時セグメント赤字となりましたが、部材調達価格の交渉や調達先の見直し、更なる生産効率化等によるコスト改善、客先への価格転嫁交渉等を行い、第2四半期以降はセグメント利益も大きく改善しております。なお、当連結会計年度は中期経営計画（2022-24）の初年度に当たりますが、連結売上高について2024年度計画数値を既に前倒し達成する状況となったことから、同計画の見直し中であり、速やかに見直しの発表を行う予定です。

　チャートを見ると、2022 年 8 月 15 日に決算発表があった直後の株価は約 2,000 円だったのに対し、その後上昇を続け 13,370 円に達しました。この高値をつけてからは乱高下を繰り返してはいるものの、やはり時流という追い風を受けた銘柄の強さを改めて実感させられる値動きでした。こうした大きなトレンドに乗っている銘柄は、その企業自体が持つ成長力に加えて、実際の需要の高まりと市場の注目という大きな推進力を持つので、投資するうえでは非常に有利になります。

日々の値動きは意味不明である

　投資した後は、とかく日々の値動きに心を揺さぶられてしまいがちです。その銘柄固有の理由や業績に関係なく、市場のちょっとした材料で株価は毎日上がったり下がったりするものです。こうした日々の変動に一喜一憂しても疲れるだけで、変動に影響されて仮説が生きているのに売りたくなったり、ほかの銘柄に目が向いたりしてしまうと、むしろ投資に悪い影響を与えかねません。

日々の値動きは意味不明なので、特に材料がなければ理由を探してはいけません。 そういうものだと認識しましょう。**意識すべきは日々の値動きではなく、自分の投資する際に立てた仮説と目標株価**です。何か材料が出たときは、あなたの仮説を裏付けるものか、それとも仮説が崩れたことを示唆するものか、あるいは無関係なものなのか、いずれかを判定しましょう。

　もちろん、いつでも自分で立てた仮説が間違えている可能性は大いにあるということは、認識しておく必要があります。「今回の業績の向上は今後も継続しそうだ」と想定して投資をしているわけで、その仮説が間違えていた場合、あるいは変化したと判断できたときには、一目散に逃げるべきです。自分の立てた仮説を常に意識しながらも、仮説はあくまで仮説であることも肝に銘じてください。

　また、いつまでたっても自分の仮説通りに株価が上昇しない場合も、仮説自体が間違えている可能性を考えてみる必要があります。ほかの投資家は自分が考えた仮説とは違うように捉えたのかもしれません。たとえ仮説を信じられる状態が続いていても、現実がそうはなっていないということは、重く受け止めなければなりません。

仮説は崩れていないのに
下落していった場合の対処法
・・・・・・・・・・・・・・・・・・・・・・・・・・・・・・・・・

　仮説は崩れていない、成長期待は依然として大きいと判断できるのに、それでも株価が下落したとき、投資家はどう行動すべきでしょうか。

　僕の場合は、仮説が正しいのか間違っているのかが判断できない

状況や、仮説は崩れていないと信じられる場合であっても、**買値から8%を超える水準まで値下がりしてしまった場合は、いったん損切りすると決めています。**仮説が崩れていないケースでは、損切りをした後にまた上昇することもありますが、そういうときもいちいち悔しがってはいけません。やっぱり自分の仮説は正しかったんだな、と思って再度買えばいいだけです。

　仮説が間違っていなければ、株価は＋50％や＋150％など、それなりの伸びが期待できます。逆に仮説が間違っていた場合の損失を8％に抑えられれば、トータルで損をすることはありません。株価が下がった場合は、仮説の真偽に関係なくとりあえず損切りをしておくことで、資金を大きく減らすリスクを抑え、トータルで利益を確保できることになります。**損切りは失敗ではなく、リスクヘッジなのです。**

　株価が数倍になるという期待値があるのであれば、8％程度の損切りなどそれほどは痛くないはずです。
　「バンバン損切りして、上がれば買い直す」を繰り返しても、トータルでは勝てますので安心して損切りしてください。

第 5 章

高配当と株価成長の両方が手に入る「欲張り株」の見つけ方

値上がり益と配当は、どちらを狙うべきか

　株式投資では、大きく分けて2種類の利益が狙えます。ひとつはこれまで紹介してきた、株価の上昇で狙える値上がり益です。

　そして、もうひとつの利益は、配当です。数%ではありますが、保有している限りずっと受け取り続けることができる利益です。

　近年はFIREというキーワードが注目されました。Financial Independence, Retire Early の頭文字を取ったもので、「経済的自立」と「早期リタイア」を意味します。あくせくと働かなくても済むだけの資金や収入源を用意して、経済的な心配のない自由な生活を目指すものです。そのFIRE後の収入源として、高配当株投資が注目されています。

　確かに、毎年安定した配当金収入を得られれば、まさに不労所得となるわけですから、憧れる人も多いのは理解できます。また、**高い配当金が得られる高配当銘柄というのは、一般的に業績が安定した大企業が多いので株価も安定しており、比較的安心して長期保有を続けられる**という点もメリットです。

　株式投資をする際は、目的が値上がり益か配当かで、狙う銘柄は大きく異なりますし、得られる利益の水準も異なります。僕の場合は元手が100万円ほどしかなかったので、配当狙いの投資は最初から眼中にありませんでした。老後にお金があっても遅い、せめて3～4年後には何倍かになっていてほしいと思い、値上がり益狙いの一択でした。

　なにしろ、100万円で配当利回りが5%の株を買ったとしても、

116

配当収入は年間5万円です。年間で5万円の収入増があってもそれで人生が変わることはありませんし、そもそも100万円で株を買えば、5万円ぐらいの値上がりや値下がりは普通に毎日のようにあります。

　僕のように資金が少ない人や、早く資金を増やしたいと考える人なら、まずは値上がり益を狙う投資でお金を増やすことを優先するほうが効率的です。

　ただ、**大きな値上がりを期待できる銘柄の中でも、魅力的な配当を出すものもあります。**100万円を200万円、400万円、800万円と倍々で増やしていく過程で、おまけとして配当がくっついてくることがあるのです。

　値上がり益しか眼中になかったところに、何万、何十万という配当収入が入ってくるのは、実際とても気分が良いものです。僕の投資は、まずは値上がり益を狙うことが基本にはなりますが、そこに高配当を上乗せし、両取りすることは十分可能です。

高配当と株価成長を両取りする方法

　配当利回りが高い銘柄は総じて、成長期待が小さい傾向にあるので、値上がり益を狙うことを考えると高配当株はターゲットにならないことが多いのですが、例外がないわけではありません。現実に高配当株の株価が急成長し、それに伴い配当の額も増えて（増配）、キャピタルゲインとインカムゲインでウハウハになる例はあります。

　実は高配当銘柄の中から、成長銘柄を探すのは意外と簡単です。高配当業種の中から前述した銘柄発掘のプロセスを実行し、ビッグチェンジを探せばいいのです。数としては多くはないため投資チャ

ンスは減るものの、難易度としては決して高くはありません。

　高配当銘柄の多くは、景気敏感業種（シクリカル系）です。具体的には、半導体、化学、非鉄、電気、輸送用機器、銀行、不動産、鉄鋼、機械、精密、商社、証券などの業種です。これらの業種に属する企業は、概して配当利回りが高い傾向にあります。

　なぜ景気敏感株の配当利回りが高いかというと、景気敏感株は景気によって業績が左右されやすいうえに、成長性自体が低い業態だからです。

　成長力が低いということは、どんどん人員を採用して増やしたり、業績拡大のために設備投資や広告を打ったりする必要性がないので、その分配当に回せる原資が大きいということにもなります。将来の成長期待に乏しいので、PERも低く、割安な傾向もあります。

　一般的な傾向としては、景気敏感業種には大企業が多く、株価の上昇期待が大きい成長株は企業規模が小さいのですが、すべてがそれにあてはまるわけではありません。

　たとえば、東京ディズニーリゾートを運営するオリエンタルランドは誰もが認める大型株ではありますが、いまだに成長を続けるグロース株です。配当利回りは1%にも満たない水準で、100倍をゆうに超える高いPERが市場の成長期待の大きさを物語っています。同社は常に新しいアトラクションのプランを発表し、実際に大規模な投資を継続しています。まだまだ成長を継続している企業なので、配当を増やすような余力はないのです。同社の社員数を見ても、年々増加しているのがわかります。

オリエンタルランドの連結社員数

2018年度	2019年度	2020年度	2021年度
6,007名	8,034名	8,782名	9,094名

　一方景気敏感業種はといえば、そんなに急激に人員を増やすようなことはありません。たとえば日本郵船は、社員数が増えていません。投資するといっても、船を増やしたり、社員のボーナスを増やしたりする程度で、毎年利益を圧迫するほどの大規模な投資を続けて高成長を志向しているわけではないので、余った利益は株主にたっぷり配当できるのです。

日本郵船グループ（日本郵船含む連結ベース）の社員数

2017年度	2018年度	2019年度
37,820名	35,711名	34,857名

　こうした安定的で低成長のはずの企業でも、なんらかの影響で業績が劇的に向上するようなことが、まれではありますが起こります。そうなると、株価は急激に上昇するうえ、配当の原資となる利益も膨れ上がります。

　こういった景気敏感業種が急激に業績を伸ばすビッグチェンジは、まさに「株価成長×高配当」の両取りができるので、狙ってみる価値は十分あるでしょう。

ケーススタディ⑥　日本郵船（9101）
・・・・・・・・・・・・・・・・・・・・・・・・・・・・・・・・・・・・

　では実際に高配当銘柄に起こったビッグチェンジの事例を見てみましょう。**日本郵船**は時価総額が1兆円を超える日本を代表する海運企業の一角です。2021年3月期の3Q決算では、過去5年間

で出てきたことのない313億という多額の営業利益を計上しています（2021年2月3日発表）。

日本郵船の四半期業績

決算期	区分	売上高	(前年比)	営業利益	(前年比)	経常利益	(前年比)	当期利益	(前年比)	EPS
2016/03	本	505,620	-18.3%	1,798	-92.9%	4,039	-82.0%	-4,584	-124.0%	ー円
2016/06	1Q	470,759	-20.0%	-10,963	-162.8%	-9,924	-146.2%	-12,788	-129.7%	ー円
2016/09	2Q	457,823	-24.9%	-11,509	-154.4%	-13,692	-164.6%	-219,024	-1,971.8%	ー円
2016/12	3Q	485,967	-14.5%	6,956	-18.6%	25,908	94.7%	5,719	117.9%	33.9円
2017/03	本	509,332	0.7%	-2,562	-242.5%	-1,253	-131.0%	-39,651	-765.0%	ー円
2017/06	1Q	521,721	10.8%	3,572	132.6%	10,279	203.6%	5,398	142.2%	32.0円
2017/09	2Q	542,558	18.5%	9,169	179.7%	11,733	185.7%	893	100.4%	5.3円
2017/12	3Q	566,330	16.5%	12,081	73.7%	13,590	-47.5%	10,513	83.8%	62.3円
2018/03	本	552,592	8.5%	3,002	217.2%	-7,586	-505.4%	3,363	108.5%	19.9円
2018/06	1Q	464,895	-10.9%	-8,119	-327.3%	-6,606	-164.3%	-4,594	-185.1%	ー円
2018/09	2Q	450,775	-16.9%	3,925	-57.2%	-2,423	-120.7%	-5,201	-682.4%	ー円
2018/12	3Q	468,950	-17.2%	8,758	-27.5%	5,640	-58.5%	1,080	-89.7%	6.4円
2019/03	本	444,680	-19.5%	6,521	117.2%	1,337	117.6%	-35,786	-1,164.1%	ー円
2019/06	1Q	406,402	-12.6%	5,470	167.4%	6,415	197.1%	9,141	299.0%	54.1円
2019/09	2Q	418,335	-7.2%	10,366	164.1%	9,604	496.4%	1,982	138.1%	11.7円
2019/12	3Q	428,522	-8.6%	16,633	89.9%	22,467	298.4%	7,616	605.2%	45.1円
2020/03	本	415,096	-6.7%	6,227	-4.5%	6,000	348.8%	12,390	134.6%	73.4円
2020/06	1Q	361,170	-11.1%	8,947	63.6%	16,591	158.6%	11,684	27.8%	69.2円
2020/09	2Q	360,861	-13.7%	7,743	-25.3%	30,837	221.1%	10,496	429.6%	62.2円
2020/12	3Q	423,912	-1.1%	31,263	88.0%	74,658	232.3%	30,182	296.3%	178.8円

　今までの水準では考えられなかった利益が出てきた理由は何なのか、今後も継続性があるのか、という点について、決算短信や決算説明資料を見て調べます。

　当時の決算短信には、下記のように記載されていました。

　「医療関連物資や巣ごもり需要による消費財の需要が更に増加したことで荷動きが急回復」「コンテナ不足、港湾・内陸部にも混雑が生じ、需給が逼迫」「運賃は、短期運賃市況の高騰を受けて、大幅な増益」

日本郵船の 2021 年 3 月期第 3 四半期の決算短信

<定期船事業>
コンテナ船部門では、OCEAN NETWORK EXPRESS PTE. LTD.（"ONE社"）は上半期に引き続き、第3四半期も運賃・消席率が順調に推移しました。第3四半期は、医療関連物資や巣ごもり需要による消費財の需要が更に増加したことで荷動きが急回復し、船腹スペースや空コンテナ不足の発生と共に、港湾・内陸部にも混雑が生じ、需給が逼迫しました。貨物量の急回復に伴い、主要航路である北米航路では、積高に加えて消席率も前年同期を上回りました。欧州航路では、積高は前年同期を下回ったものの、高い消席率となりました。運賃は、短期運賃市況の高騰を受けて、両航路共に前年同期を大幅に上回る水準で推移し、結果として大幅な増益となりました。国内及び海外ターミナルでは、第3四半期は取扱量に回復傾向が見られたものの、海外では北米・アジアともに前年比取扱量が減少し、前年同期比減益となりました。
以上の結果、定期船事業全体では前年同期比減収となりましたが、業績は大幅に改善し増益となりました。

海運コンテナ価格の推移

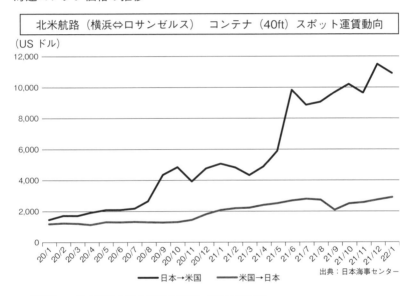

北米航路（横浜⇔ロサンゼルス）　コンテナ（40ft）スポット運賃動向
（US ドル）

出典：日本海事センター

※「国際コンテナ輸送を巡る最近の状況」（国土交通省）

　上のグラフは海運コンテナ価格の推移です。2020 年の夏ごろから急激にコンテナ価格が上昇していることがわかります。コロナ禍で飛行機の便数が減少し、空運から海運へと物流の需要が高まったのかと当時の僕は推測しました。コロナ禍が続く限り、この傾向は続きそうだな、とおぼろげに考えます。

　おそらく、次に出てくる決算は、コンテナ価格がさらに上がって

いる状況での数字なので、もっと良い数字が出るのではないかと予想できました。そう考えると 3Q に出てきた今までに見たことがない 313 億という営業利益は最低でも継続、もっと良い数字が濃厚ということになるので、ここで買いの判断ができます。

日本郵船の四半期業績推移

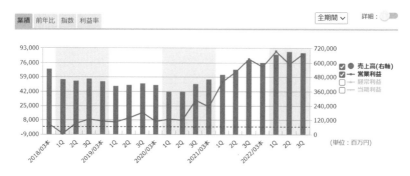

その後、思惑通り同社はこれまでの水準では考えられなかったような規模の利益を出し続けます。株価は急騰し、投資した当時の800 円台から 3,600 円と 4 倍以上に上昇しました（分割考慮後）。

日本郵船の週足チャート

日本郵船の四半期業績

表示：折りたたむ

決算期 ▲	区分 ▲	売上高 ▲	(前年比) ▲	営業利益 ▲	(前年比) ▲	経常利益 ▲	(前年比) ▲	当期利益 ▲	(前年比) ▲	EPS ▲
2018/03	本	552,592	8.5%	3,002	217.2%	-7,586	-505.4%	3,363	108.5%	6.6円
2018/06	1Q	464,895	-10.9%	-8,119	-327.3%	-6,606	-164.3%	-4,594	-185.1%	-円
2018/09	2Q	450,775	-16.9%	3,925	-57.2%	-2,423	-120.7%	-5,201	-682.4%	-円
2018/12	3Q	468,950	-17.2%	8,758	-27.5%	5,640	-58.5%	1,080	-89.7%	2.1円
2019/03	本	444,680	-19.5%	6,521	117.2%	1,337	117.6%	-35,786	-1,164.1%	-円
2019/06	1Q	406,402	-12.6%	5,470	167.4%	6,415	197.1%	9,141	299.0%	18.0円
2019/09	2Q	418,335	-7.2%	10,366	164.1%	9,604	496.4%	1,982	138.1%	3.9円
2019/12	3Q	428,522	-8.6%	16,633	89.9%	22,467	298.4%	7,616	605.2%	15.0円
2020/03	本	415,096	-6.7%	6,227	-4.5%	6,000	348.8%	12,390	134.6%	24.4円
2020/06	1Q	361,170	-11.1%	8,947	63.6%	16,591	158.6%	11,684	27.8%	23.0円
2020/09	2Q	360,861	-13.7%	7,743	-25.3%	30,837	221.1%	10,496	429.6%	20.7円
2020/12	3Q	423,912	-1.1%	31,263	88.0%	74,658	232.3%	30,182	296.3%	59.4円
2021/03	本	462,471	11.4%	23,584	278.7%	93,250	1,454.2%	86,866	601.1%	171.1円
2021/06	1Q	504,611	39.7%	53,000	492.4%	153,620	825.9%	151,093	1,193.2%	297.6円
2021/09	2Q	546,770	51.5%	64,933	738.6%	243,626	690.0%	260,226	2,379.3%	512.5円
2021/12	3Q	624,577	47.3%	80,059	156.1%	301,081	303.3%	280,897	830.7%	553.2円
2022/03	本	604,817	30.8%	70,947	200.8%	304,827	226.9%	316,889	264.8%	624.1円
2022/06	1Q	673,050	33.4%	89,174	68.3%	377,726	145.9%	343,377	127.3%	676.3円
2022/09	2Q	692,828	26.7%	74,162	14.2%	387,603	59.1%	362,681	39.4%	714.3円
2022/12	3Q	684,320	9.6%	86,068	7.5%	240,636	-20.1%	214,314	-23.7%	422.1円

　しかも、急激に利益が増えたことで増配もなされ、値上がり益とは別に、年間13%という通常はあり得ない水準の利回りの配当を受け取ることもできました。ちなみにこうしたビッグチェンジは同業の**商船三井（9104）**や**川崎汽船（9107）**などでも起こっており、株価成長と増配という夢のコンボが実現しています。根気強く探していけば、高配当と株価成長の両方を手に入れることも夢ではないわけです。

お宝銘柄候補はどこで発見するのか

　僕は、以下の5つの方法で新しい銘柄にアプローチしています。

1. 本日の値上がり率ランキング

　単純に、その日に値上がりしている銘柄の中から探す方法です。僕は楽天証券の**iSPEED**というアプリを使っていますが、どのネット証券でもこうしたランキングは見られると思います。iSPEED

では、「マーケット」というタブで毎日の騰落率ランキングを1〜100位まで確認することができます。

　初期設定で「マーケット」が表示されていない人は、「メニュー→メニュー並び替え」から設定を行ってください。

iSPEED の値上がり率ランキングの画面（2023年4月時点）

　4,000近い銘柄がある株式市場でランキング上位に入るほどに値上がりするには、なんらかの理由や背景があるはずです。そこでストップ高をつけている銘柄や、大幅に上昇している銘柄をピックアップして、何がきっかけで上がったのかを一つひとつ調べます。

　具体的には、ランキングから各銘柄の詳細情報に飛んで、前日に決算や材料が出ていればどんな内容の決算・材料が出たのかを見ます。決算やその企業が公表するリリースは、**適時開示**と呼ばれ、アプリからも調べられます。

　値上がりランキング上位にランクインするほど上昇しているのに、企業が何も発表していないというケースも多くあります。何も開示

が出ていないようなら、Twitter で銘柄名を入力して検索します。そうすると、だいたい誰かが、「○○が理由で上昇している」というようなことを投稿してくれているので、それで上昇の原因をある程度特定できます。

　Twitter にも書き込みがない場合は「銘柄名＋Yahoo ファイナンス掲示板」とネットで検索して掲示板を見れば、上昇理由を特定できることもあります。

　株価はその企業が公表したニュースだけでなく、関連する別のニュースや市場参加者の思惑などさまざまな要因で上昇したり下落したりします。こうしたニュースがいったいどこまでその企業の業績に影響するかは、とても難しい判断になります。

　その企業に何らかの追い風が吹きそうなニュースがあったとしても、本当にその企業が扱う製品やサービスがその追い風に乗れるかどうかはわかりませんし、たとえ急上昇したとしてもその企業の売上に占める割合が小さくてあまりインパクトが出ない可能性もあります。実際のインパクトは、業界に関する知識がないと判断できないケースも少なくありません。

　そういうときに、**よくわからないのにとりあえず飛びつく、というのはイナゴトレードと変わらないので、絶対にやってはいけません。**

　そのため、僕はメインのビジネスに直接関係のあるニュースか、実際にその企業が公表する決算で良い数字が出ている場合に絞って注目することにしています。仕手株（特定の投資家が巨額の資金を用いて意図的に操作する株）化していそうな銘柄や、大手企業と業務提携したといった材料は、それがわかった瞬間に深掘りせずスルーします。仕手株は業績とは関係ありませんし、業務提携したというだけでは本当にそのビジネスで結果を出せるかどうかはわからな

いからです。

　既に良い業績が出ているのであれば、その後の継続性や成長性を見極めるのは、よくわからない材料を判断するよりもよほど簡単だと思います。

2. PTS値上がり率ランキング

　これは通常の値上がり率ランキングと考え方は同じです。**PTS**とは、平日15時に株式市場がクローズした後でも、証券取引所を経由せずに株式を売買できる私設取引システムのことです。

　SBI証券では16時30分から、楽天証券は17時から、いずれも23時59分までPTSの夜間取引ができます。決算は株式市場が開いている時間を避けて、15時を過ぎてから発表する企業が多いので、こうした企業の決算内容を受けた値動きはまずPTSに表れることが多いのです。

　iSPEEDで **JNX** と表示されるのが **PTS取引** です。こちらも前の項目と要領は同じで、何が原因で上がっているのかを調べます。

iSPEED の PTS 値上がり率ランキング（2023 年 4 月時点）

日中とPTSの値上がり率ランキングをチェックして、気になる銘柄を深掘りしていく作業には、銘柄発掘以外にもメリットがあります。これは毎日やっていると、何が起きれば株価が上がるのか、という知見がどんどん自分の中に蓄えられていくのが実感できるのです。最初のうちは数あるランキング入り銘柄の中で、今後も上昇が続いていくのがどんな銘柄なのかまるでピンとこないものですが、この作業を繰り返すうちに、これは絶対上がる、と確信できるものに出会えます。投資力を劇的に向上させられる、非常に効果的な訓練にもなるのです。

3. SBI証券の「本日の【イチオシ決算】」をチェックする

　値上がり率ランキングの銘柄をチェックする作業は、見極め力アップの訓練にもなる有益なプロセスなのですが、実際にやってみるとかなりの時間が取られてしまいます。特に決算発表シーズンは、決算の内容を受けて株価が大きく動くので、良い銘柄を発掘する絶好のチャンスになるのですが、中には一日で500社以上の企業が一斉に決算を発表する日もあるのでチェックするのは大変です。

　そこまでの時間が取れないという人も、あきらめる必要はありません。SBI証券のウェブサイトにある**「本日の【イチオシ決算】」**というコンテンツをチェックすることでかなり時短できるからです。

　「本日の【イチオシ決算】」はその名の通り、**その日に公表された決算の中でも、注目度の高い決算をピックアップ**してくれており、平日の19時10分ごろに更新されます。SBI証券のトップページの「マーケット→ニュース」から確認でき、SBI証券に口座を持っていれば無料で閲覧できます。ちなみに、**「本日の【サプライズ決算】」**という似たコンテンツも平日17時5分ごろに配信されており、こ

ちらはより簡単で速報的な内容です。

　しかし、これらはあくまで簡単に決算のハイライトを解説してくれているだけなので、これにざっと目を通して気になった銘柄があれば、そこから銘柄スカウターやその企業のウェブサイトなどに移動して、四半期毎の業績推移や好決算の背景を調べる必要があります。

　そこで注目すべきは、普通だったらあり得ないほどの増収や増益率が出現している銘柄です。ここまで紹介してきた事例からもわかる通り、**四半期の数字の前年比の伸びが高いほど、その背景にはビッグチェンジが起こっている可能性が高い**からです。

　忙しい人であれば、50%以上の大幅増益になっているものに絞って決算短信を確認する、と決めてしまうのもいいでしょう。

　その結果「この3年間の四半期決算で見られなかったような圧倒的に良い数字が出てきている」ということがわかれば、業績の急拡大の背景を深掘りして調べてください。決算が集中しない時期であれば、この作業に30分もかからないので、忙しい人でも比較的容易にお宝を見つけられるはずです。

　決算が集中する時期だと、このコンテンツを活用してもチェックするのは夜中までかかってしまうこともよくあります。そういうときは無理をせず、翌日に回したり、週末を使って業績チェックをするようにしてください。**本当に大化けする銘柄は、イナゴ銘柄とは違って数日で急落したりはしません。**投資判断が数日遅れたぐらいで大きな機会損失にはならないので、焦ってよくわからないまま投資するようなことがないようにしましょう。

4. Twitterパトロール

　Twitterをパトロールしていると、ものすごい量の銘柄情報が飛

び交っています。そんな中、実力のあるうまい投資家が目をつけている銘柄に注目し、深掘りする方法は、相当な時短になる可能性があります。

　たとえばウォーレン・バフェットが日本の商社を買っているというなら、自分でも日本の商社について調べてみるというのも良いと思います。彼が商社を有望だと考える理由、期待する理由が特定できて、どれくらいまで株価が上がるかを見定めることができるなら、それは正しい投資のひとつだと思います。

　言うまでもありませんが、紹介されている銘柄をよく調べずに飛びついたり、**「この人が注目しているなら間違いない」などと盲信したりするのは厳禁**です。また、中には自分でもよくわからないまま銘柄名を投稿する人もいるので、決して鵜呑みにせず、自分自身で投資する価値があるかを調べてください。

　時間をかけて調べる価値のある銘柄を投稿してくれるアカウントはどれか、という見極めも重要です。投資家としての力がついてくれば、誰が嘘つきで、誰が本当に利益を出しているのかは、だんだんわかるようになってくるはずです。

　初心者でなかなかこうした見極めがつかないという人は、株の勉強会やオフ会に参加して、うまい人とコミュニケーションしたり、情報交換をしたりしてみましょう。そうしたことを積み重ねていくことで、だんだん見極めがつくようになってくるものです。

　また、Twitterは銘柄を見つけるきっかけだけでなく、日々のニュースの情報源としても役立ちます。僕が今フォローしておくと特に有益だと考えている3人のアカウントをご紹介します。

後藤達也さん（@goto_finance）
元日経新聞の記者で、経済や金融に関するニュースを中立な視点で

非常にわかりやすく発信されているので、とても役立ちます。

ありゃりゃさん（@aryarya）

個別銘柄の材料をものすごい頻度でアップしてくれます。

にこそくさん（@nicosokufx）

日々の相場の情報をわかりやすく教えてくれます。

5. 新高値更新銘柄

　これも、値上がり率ランキング銘柄のチェックと同じような考え方に基づいています。新高値を更新し続けるような銘柄にも、やはり何かしらの背景があるものです。値上がり率ランキングに登場するほど株価が目立って飛び跳ねているわけではないけれど、ジワジワと上昇を続けている銘柄を見つけるのに適した方法です。

　新高値を更新するとは、株価が過去の高値を抜いてくることをいいます。上場して以来の高値を**「上場来高値」**、その年の高値を**「年初来高値」**といいます。ここでは年初来高値をチェックします。年初来高値とは、1〜3月なら昨年1月1日からの高値と、4月以降はその年の1月1日からの高値のことです。

　新高値更新銘柄は、会社四季報オンラインの「銘柄研究→銘柄ランキング→新高値更新銘柄」からチェックできます。この情報は無料会員でも閲覧可能です。

　ただし、この作業も手間と根気を要するので、まずはSBI証券のイチオシ決算を優先し、Twitterのパトロールもしたうえで、余裕があるときにチェックする形でもいいでしょう。

なんでもお宝に見えてしまうときは？

　これらの情報源のチェックを始めると、買いたい銘柄が山ほど出

てくる、ということがあります。なにしろこうした情報源に出てくるような銘柄は、どれもそれなりに魅力や成長性があるので、銘柄分析の経験が少ない人には全部お宝に見えてしまうことがあるのです。

　しかし、**株価が数倍に膨らむことを狙える本当に価値がある銘柄に、毎日いくつも出会えるような状況はあまりない**と考えてください。毎日のように買いたい銘柄がいくつも新しく出てきて絞り込めないうちは、重要な見極めができていないことも考えられます。

　良いと思った銘柄にすぐ飛びつくのではなく、落とし穴がないか決算説明資料などの再度チェックや同業他社との比較をしたり、もっと深掘りできないかトライしてみましょう。

　何かマイナス要因を見落としていないかや、最低でも2ケタの増収増益を達成していてそこに継続性のある背景があり、ビッグチェンジが起こっていると信じられる理由があるか、改めて問い直してみてください。

IR から有力情報を引き出す方法
・・・・・・・・・・・・・・・・・・・・・・・・・・・・・・・・・

　銘柄分析や投資判断に必要な情報をすべて企業側が開示してくれればよいのですが、現実には資料を見てもわからないことや、新たな疑問が生じることはたくさんあります。僕の場合、確認したいことが出てきたら直接 IR に問い合わせるようにしています。

　企業のウェブサイトには必ず IR あるいは投資家広報、投資家向け情報というコンテンツがあり、こちらに IR 問い合わせ専用フォームが用意されているか、専用の電話番号が記載されています。僕は問い合わせフォームを使わず、必ず電話で問い合わせるようにしています。

　というのも、テキストで問い合わせると、返事は事務的で素っ気

ないことが多いからです。知りたい情報をあまり得られないことが多いうえ、回答に対して新たな疑問が生じたときに、また問い合わせしなければならないことになってしまいます。

　電話であれば、わかりにくい回答に対してはその場で確認ができますし、回答内容に疑問があればその場で質問できます。担当者の口ぶりや言い方からくみ取れる非言語的な情報も、かなり多いと思っています。

　ただし、フェア・ディスクロージャー・ルールといって、すべての上場企業は株価に影響を及ぼすような未公表の重要な情報を公表前に特定の第三者に提供することを原則として禁じられています。そのため直接業績に関わる情報は聞いても答えてはくれませんし、相手を困らせてしまうだけです。業績を教えてもらうのではなく、自分が立てている仮説を確認するための周辺情報を得ることを目標としましょう。

　IR担当者も忙しいので、問い合わせる際はあらかじめ聞きたいことを整理しておくことも重要です。まずは明確に名乗って挨拶し、投資を検討していることを説明したうえで質問しましょう。相手が答えやすい質問からスタートするのが重要です。

　たとえば、「今の〇〇な状況は、この業種に追い風だと考えているが、合っているか」というような、自分が立てている仮説の一部を説明して、**イエスかノーで答えられるような質問を最初に持ってくるのがおすすめ**です。僕の場合はさらに、原材料高は利益圧迫要因になるか、価格転嫁はどの程度できているか、現状の需要は来期も続きそうか、といったことなどを聞いています。

　ちなみに、サイトのIRページに直通の電話番号を掲載していない企業も多くありますが、僕は決算短信の右上に記載されている電話番号にかけて、IR担当者につないでほしいとお願いしています。

第 6 章

「高配当×株価成長」銘柄の紹介

僕の投資手法は、比較的短期で業績が急激に上昇する銘柄を見つけてその間の株価上昇を取る方法です。業績や株価が急上昇する期間は長くても1年程度なので、安定成長に入ったら売却して次の成長銘柄に乗り換えます。

　資金効率を重視し、どんどん増やすことに重点を置いているので、長期保有という考えは頭にありません。配当についても、ついでにもらえたら嬉しいなという程度で、それを主目的にすることはありません。

　この章では、本書の執筆時（2023年2月）業績が上向こうとしていて、配当利回りも悪くない銘柄をピックアップしました。なぜこの銘柄に目を付けたのか、どんな思考のプロセスを経て注目しているのかを解説するのが目的です。

　良質な「高配当×株価成長」銘柄はどんどん入れ替わっていくので、皆さんがこの本を読んでいる時点でここに紹介されている銘柄が投資に適した銘柄であるとは限りません。僕は効率の良い投資術をお伝えしたいだけで、特定の銘柄を推奨するつもりはないので、必ず皆さんご自身で、最新の情報を活用した銘柄分析をしたうえで、投資判断をしてください。

　儲かる銘柄の効率的な探し方や思考方法をマスターできれば、誰かの銘柄情報に頼らなくても永遠に資産を効率的に増やしていけます。こうしたプロセスを理解する一助として、この章を活用してください。なお、配当利回り、時価総額、PBRは、発見当時の実績です。

インフレ恩恵銘柄は意外な業種にあった

①ヤマエグループホールディングス（7130）

配当利回り：3%、時価総額：388 億円、PBR：0.62 倍

ヤマエグループホールディングスは、福岡を拠点とする食材卸企業です。SBI 証券の「イチオシ決算」で紹介されているのを見て、調べてみました。

ヤマエグループホールディングス 2023 年 3 月期第 1 四半期の決算短信

2023年3月期 第1四半期決算短信〔日本基準〕（連結）

2022年8月10日

上場会社名　ヤマエグループホールディングス株式会社　　　　　　　　　　上場取引所　　東 福
コード番号　7130　　　URL https://www.yamaegroup-hd.co.jp/
代表者　　　（役職名）代表取締役会長兼社長　　　　　　　（氏名）網田 日出人
問合せ先責任者（役職名）執行役員財務部長　　　　　　　　（氏名）長野 正毅　　　　　　TEL 092-412-0711
四半期報告書提出予定日　　　2022年8月10日
配当支払開始予定日　　　　　—
四半期決算補足説明資料作成の有無　：　　有
四半期決算説明会開催の有無　　　　：　　無

（百万円未満切捨て）

1．2023年3月期第1四半期の連結業績（2022年4月1日～2022年6月30日）

（1）連結経営成績（累計）

（％表示は、対前年同四半期増減率）

	売上高		営業利益		経常利益		親会社株主に帰属する四半期純利益	
	百万円	%	百万円	%	百万円	%	百万円	%
2023年3月期第1四半期	136,378	14.4	2,143	192.7	2,279	112.3	1,981	374.8
2022年3月期第1四半期	119,235	4.5	732	—	1,073	—	417	—

2023 年 3 月期の 1Q 決算を見ると、前年同期比で、売上高の伸びは 14％であるのに対し、営業利益は 3 倍ほどに伸びているのがわかります。

その営業利益の大幅な伸びに興味を惹かれて、決算説明資料をチェックすると、以下のような記載がありました。

　決算説明資料を見ると、直近ではピザハットを運営する、日本ピザハット・コーポレーションを子会社化していました。今後はアフターコロナで外食需要が回復し、グループ入りした子会社の業績も継続して取り込んでいけば、1Q の利益が続くのではないか、という仮説を立て、投資することにしました。

ヤマエグループホールディングスの日足チャート

　株価はこの 1Q 決算を受けて、窓を開けて上昇しました（図の矢印）。僕はこのタイミングに 1,527 円で投資をしましたが、その後の株価は期待したようには上昇せず、むしろジリジリと下落してしまいます。理由はよくわからないことが多いのですが、好決算の後に株価が急騰したあとで、上昇が続かず低迷するというのも、よくあることです。この値動きを見て、僕は仮説を間違えているのかもしれない、と思い始めました。もしかすると昨今のインフレで、卸売り業であるヤマエグループホールディングスは利益を圧迫されて

いる可能性もあると考え、IR に問い合わせをすることにしました。

　IR の担当者に確認したところ、むしろインフレ局面には強いということでした。理由としては、**今まで安売りさせられていた顧客（スーパー、外食産業）も、今なら値上げに応じてくれやすい環境になっているので、価格転嫁がしやすくなっているというのです。**
　それならばもう少しホールドしておこう、とそのまま持っておいたところ、2022 年 11 月に出た 2Q 決算、2023 年 2 月に出た 3Q 決算はいずれもとても良い内容でした。2Q は見立て通り、1Q で出した営業利益を継続し、3Q ではさらに上乗せしてくれました。

ヤマエグループホールディングスの四半期業績推移

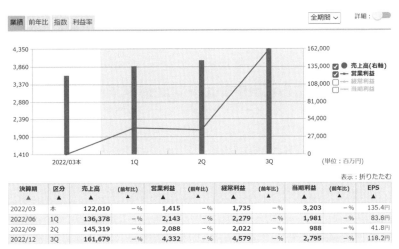

決算期 ▲	区分 ▲	売上高 ▲	(前年比) ▲	営業利益 ▲	(前年比) ▲	経常利益 ▲	(前年比) ▲	当期利益 ▲	(前年比) ▲	EPS ▲
2022/03	本	122,010	−%	1,415	−%	1,735	−%	3,203	−%	135.4円
2022/06	1Q	136,378	−%	2,143	−%	2,279	−%	1,981	−%	83.8円
2022/09	2Q	145,319	−%	2,088	−%	2,022	−%	988	−%	41.8円
2022/12	3Q	161,679	−%	4,332	−%	4,579	−%	2,795	−%	118.2円

　3Q 期間は年末やクリスマスがあるシーズンで一番食材も売れる時期という季節性があるので、さすがに 3Q の利益の 4 倍で考えるのは難しいようでしたが、3Q 決算と同時に公表した上方修正では営業利益 105 億円、純利益 69 億円の予想が出ました。　PER をほかの食材卸系の企業と比較してみても、まだ割安さがありそうだと

判断してホールドを継続しています。

食材卸系の企業と PER を比較

	銘柄比較一覧	通期業績グラフ	四半期業績グラフ	株価指標グラフ		

表示項目設定 ▼　並び順リセット　　　　　　　　　　　　　　　銘柄をクリア｜保存する

銘柄名 (銘柄コード)	久世 (2708)	ヨシムラフードH (2884)	大光 (3160)	ヤマエGH (7130)	トーホー (8142)	銘柄検索
業種	卸売業	食料品	卸売業	卸売業	卸売業	
お気に入り登録 / 銘柄詳細	☆ / 株価を見る◁	☆ / 株価を見る◁	☆ / 株価を見る◁	☆ / 株価を見る◁	☆ / 株価を見る◁	
▲▼ 株価/基礎情報						
株価 (03/20)	900.0 円	1,101.0 円	589.0 円	1,636.0 円	1,967.0 円	
売買単位	100 株	100 株	100 株	100 株	100 株	
時価総額	42 億円	262 億円	86 億円	388 億円	217 億円	
市場	東証スタンダード	東証プライム	東証スタンダード	東証プライム	東証プライム	
決算期	2023/03 (12か月)	2023/02 (12か月)	2023/05 (12か月)	2023/03 (12か月)	2024/01 (12か月)	
会計基準	日本	日本	日本	日本	日本	
株主優待	あり	あり	あり	なし	あり	
▲▼ 投資指標						
予想PER	14.8 倍	56.0 倍	20.8 倍	5.6 倍	10.6 倍	
PBR	1.01 倍	3.44 倍	1.82 倍	0.62 倍	0.94 倍	
予想配当利回り	－ %	0.00 %	1.53 %	3.06 %	3.05 %	
実績配当利回り	0.00 %	0.00 %	1.53 %	2.44 %	1.78 %	
ROE	-23.18 %	8.49 %	0.40 %	－ %	4.75 %	
ROA	-4.08 %	2.13 %	0.70 %	2.94 %	1.18 %	
ROIC	-9.86 %	1.08 %	0.70 %	2.94 %	7.93 %	
EV/EBITDA	－ 倍	23.3 倍	21.9 倍	4.0 倍	6.3 倍	
自己資本比率	15.7 %	26.6 %	23.7 %	32.1 %	25.7 %	

景気敏感株にもビッグチェンジが到来するか？

②神戸製鋼所（5406）

　配当利回り：5.9%、時価総額：3,654 億円、PBR：0.41 倍

　神戸製鋼所は景気敏感株の代表格、鉄鋼の大手3社の一角（高炉国内3位）です。こちらは Twitter でフォローしているふみ（@fumicco）さんが、「鉄鋼株が今後伸びてくる」というような内容を投稿しているのを見たのをきっかけに、調べてみることにしました。

　それまでは鉄鋼株なんて興味を持ったこともなく、業界に関する知識もまったくないので、まずは決算説明資料を見て、何がどうしたら業績が良くなるのか、何が鉄鋼業界にとって KPI なのかを調

べます。

　決算説明資料には、自動車生産台数と鉄鉱石、強粘炭の価格の推移が載っていました。決算説明資料は、投資家に決算の内容をよりわかりやすく伝えるためのものなので、きっとこのあたりの情報が重要なKPIとして業績と深く関係しているのだろうと目星を付けて読み進めていきます。

　次に有価証券報告書を見ます。すると、鉄鉱石以外に、石炭、合金鉄・非鉄金属、スクラップといったものが鉄鋼原料として挙げられていました。海上運賃価格が急上昇したあとに急低下していることも関係しているようです。

神戸製鋼所の有価証券報告書

③原材料等の価格変動等
　当社グループが調達している鉄鉱石、石炭、合金鉄・非鉄金属、スクラップ等の鉄鋼原料価格及びそれらの輸送に関わる海上運賃等は、国際的な市況、為替相場、法規制、自然災害、地政学的リスク等により影響を受けます。特に、鉄鉱石及び石炭については、大きな消費国となった中国における需給状況と世界的にも限られた原産国や供給者の供給能力が、国際市況に与える影響が大きくなっています。調達先の分散や調達先との関係強化などを通じてこれらの安定調達に努め、また、原材料等の価格変動の製品価格への転嫁にも努めておりますが、原材料価格・運賃が大幅に変動する場合には、コストの変動等により当社グループの業績に影響を及ぼす可能性があります。
　また、アルミ、銅につきましては、地金価格の変動は基本的にお客様に転嫁する仕組みとなっております。しかしながら、地金価格の市況が短期間に大きく変動した場合には、会計上の在庫評価影響などによって、当社グループの業績に一時的に影響が生じる可能性があります。
　さらに、当社グループは、耐火物等の副資材、機械製造関連と設備投資関連の資材及び電装品、油圧機器、内燃機器等の資機材を外部調達しており、価格変動を抑える取り組みはしているものの、これら資機材の価格が変動する場合、機械製造コストや設備投資コストの変動につながり、当社グループの業績に影響を及ぼします。

　決算説明資料や有価証券報告書を読み込んだ結果、どうやら業界全体に以下の5つのポジティブな変化が起きていることがわかりました。

> 1.　鉄鋼各社販売価格を上げている
>
> 2.　高炉メーカーの主原料である原料炭の価格がピークから大きく下がっており、海上運賃もピークから急落している

3. 中国がゼロコロナ政策を転換し、景気回復で需要増加を見込めそう
4. 半導体不足が解消しつつあり、車の生産台数が回復する見込みがある。自動車には鉄が多く使われるため鉄鋼企業にとってポジティブ
5. 東証がPBR1倍以下の企業には株価水準を改善するための具体策を開示するよう要求するという流れがある

　銘柄スカウターで過去の業績を確認すると、販売価格を値上げした一方で、原材料費が安くなって利益が出やすくなっており、営業利益が回復中でした。そこで、投資を決めました。

神戸製鋼所の四半期業績推移

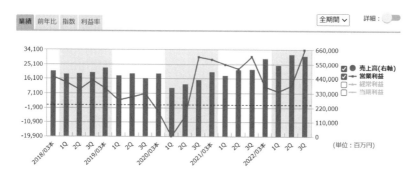

　中国の景気改善や自動車生産の回復などは継続性が見込めることなので、次の期の数字にも期待して、ホールドしようと思っています。

③日本製鉄（5401）

配当利回り：5.75％、時価総額：28,861億円、PBR：0.71倍

日本製鉄は高炉国内１位、日本最大手の鉄鋼メーカー。前述の神戸製鋼所と考察はほぼ同じになりますが、比較すると業績の回復は神戸製鋼所のほうが強そうではあります。

　それでも、環境的に期待できることは神戸製鋼所とほぼ同じですし、チャートとしても長い間突破できなかった抵抗線を上に突破しており、強い値動きが見られることから、こちらも投資することにしました。

日本製鉄の四半期業績推移

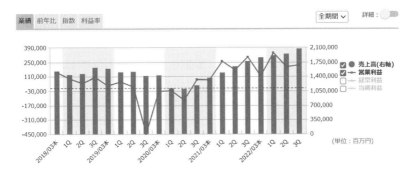

日本製鉄の週足チャート

抵抗線を突破したのを確認して買いをいれたのが 2,360 円でした。

利益確定は、「買った理由」が消滅しそうなときに売る、というのを基本的な考え方にしています。具体的には同業である神戸製鋼所の項目で示した 5 つのポジティブな環境（P139、140）に変化が生じた際に、売りを検討することにしています。

特に、**主原料である原料炭や鉄鉱石の価格の推移や車の生産台数などは常にウォッチし続けることが重要**です。

ちなみに車の生産台数は「マークラインズ」という自動車産業調査会社のサイトから確認できます。日本はもちろん、世界の主要国の販売台数の推移も見られます。風向きの変化に気づくのが遅れると株価の急速な下落に巻き込まれることもあるため、こまめに監視を継続し、なんらかの兆候が見られたらすぐに撤退する心の準備をしておく必要があります。

主要取引先の状況から、業績は推測できる

④ムトー精工（7927）

配当利回り：5.16%、時価総額：92 億円、PBR：0.56 倍

ムトー精工は 2023 年 2 月に、株価騰落率ランキングを見ていて見つけた銘柄です。決算が出て以降株価が上昇を続けていたので、これは相当業績が良かったのだろうと考えて、銘柄スカウターを確認します。

すると案の定、直近の 2023 年 3 月期の 2Q と 3Q 決算では、今までになかった水準の売上高と営業利益を叩き出していることがわ

かりました。

ムトー精工の四半期業績推移

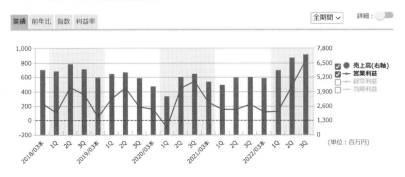

　銘柄スカウターには「何を」「どんな取引先に」売っている企業なのかということが書いてあるので、そちらも確認します。

　すると、同社はプラスチック部品の成形加工メーカーで主要取引先はキヤノンベトナムということ、そして主力製品は車載部品であり、カメラ部品や電子ペン関連も販売しているということがわかりました。

　ただ、これだけでは直近の決算がなぜ良かったのかがわかりませんし、今後も良いのかということも推測できないので、2023年2月10日に出た直近の決算短信を確認します。

　そこには「デジタルカメラ部品やプリンター部品、電子ペン部品、金型を中心とした取引先からの受注増加及び固定費の削減など経費削減に努めたことにより、増収・増益となった」とありました。

　僕は半導体不足の影響で自動車が減産に陥っている事実は知っていましたが、デジタルカメラやプリンターについては事情をよく知りませんでした。そこで、ネットで「キヤノン　半導体不足」や「デジカメ　半導体不足」といった検索ワードで調べてみます。

すると、それまでは半導体不足でキヤノンの複合機（プリンター）が十分な量を生産できなかったのが、2022年8月ごろから挽回生産のフェーズに入ってきたことがわかりました。それがあって、キヤノンを主要取引先としてプリンターの部品を納入しているムトー精工の業績が、2Q決算から回復し始めているのだろう、と合点がいきました。

　同じくデジカメ市場も半導体不足で減産していたようですが、当時の検索で出てきたニュースを見ると「回復鮮明のデジカメ市場」という記載があり、こちらも部品不足は解消しつつあるということがわかりました。

　これらの情報から、半導体などの部品不足で生産調整がかかっていたデジカメやプリンターの生産が動き出したことが、ムトー精工の業績回復背景だと推測できます。今後の業績を占ううえでの重要な指標としては、キヤノンの業績（特にデジタルカメラ、複合機の出荷台数など）をウォッチすることに加え、車載部品が主力ということなので車の生産台数もウォッチする必要がありそうです。

　キヤノンの状況は、同社のIR資料を確認します。決算説明資料を見ると、

> 「オフィス複合機やカメラは足元の需要は堅調であり、今後も継続すると想定しています」

と書かれていました。

　これらの情報から、**キヤノンのカメラや複合機の状況が良ければ、ムトー精工の業績も良いという仮説が成り立ちそうです。しかも、決算発表の日程は、ムトー精工よりキヤノンのほうが早い**ようで、

決算またぎをする際にもキヤノンの決算を確認しておくことで、ムトー精工の業績の手がかりにすることが可能になります。

決算説明資料がない企業でもあきらめる必要はない

ただし、すべての上場企業が詳しい決算説明資料を公表しているわけではありません。実はムトー精工は決算説明資料を出しておらず、決算短信しか手がかりがないので、投資判断に必要な情報に乏しい状況でした。

そういうときには、**主要取引先の製品状況を調べることでヒントが得られる**ことがあります。

一般的には、決算説明資料を作っていないような企業はIRに消極的と判断できるので、株主を大切にしておらず投資対象として適さないという意見もあります。しかし、僕はそうは思いません。**情報が少なくて投資家から敬遠されがちな企業の中にお宝を見つければ、業績が大きく成長したときの恩恵も大きいと期待できる**からです。開示している情報が少ないなら直接IRに問い合わせてもいいし、主要な取引先企業は四季報などで確認できます。取引先が大手であれば情報は豊富なので、その業績や事業環境を確認することで当該企業の業績もある程度推測は可能です。

また、ムトー精工は2023年2月10日には**配当性向**の目安を、従来の25％から40％程度へ引き上げることを決定しており、株主を軽視しているとはいえず、むしろ高配当と株価成長をWで狙える銘柄だと判断して投資しました。配当性向とは、会社の最終的な利益である当期純利益のうち、いくらを配当金支払いに向けたかを示す指標です。

ただ、このような追い風は、突然止まることもあります。風向き

が変わったと判断できたときに、すぐに利益確定や損切りをするのが重要です。取引先がニュースになりやすい大手であれば状況が変わったときにも気がつきやすく、ダメージは少なく抑えられるはずです。

資金効率を重視し、ビッグチェンジのタイミングまで待機中

⑤日本アクア（1429）

配当利回り：3.26％、時価総額：325億円、PBR：3.67倍

日本アクアはアルメディオ（7859）という別の企業の株価が決算後に大暴騰していたのを見て、興味を持って調べていくうちに、関連銘柄として浮上してきた銘柄でした。アルメディオは2022年11月ごろから、株価が突然爆上げしていた銘柄です。

いったい何の会社なんだろうと銘柄スカウターで調べてみると、断熱材のメーカーのようでした。

Twitterでも同社の上昇について言及している投稿があり、どうやら光熱費の高騰で省エネ住宅に注目が集まっていることが株価上昇の背景にあるようでした。住宅の断熱性能を高めれば省エネになるうえ、**法改正により2025年度からは住宅を新築する際に断熱性能など国が定める省エネ基準を満たすことが基本的に義務付けられる**のだそうです。

また、省エネや低炭素などの条件を満たす住宅を新築すれば、さまざまな補助金の対象になったり、税制優遇を受けられたりするそうで、住宅に使われる断熱材には追い風が吹いていることがわかり

ました。

　前述したジェイリースの例と同様に、**法改正は株価に大きなインパクトをもたらす**ことがあります。そこで、断熱材でシェアの高い企業を探してみることにしました。

　こういうときに使えるのは会社四季報です。ネットで「四季報 断熱材」で検索すると日本アクアが引っかかってきて、ここで同社の存在を知ることになりました。

　会社四季報オンラインの同社ページを確認すると、

> **「住宅・建築物用の断熱材を施工・販売」「中核商品は硬質ウレタンフォームの断熱材」「全国シェア約5割でトップ」**

と書かれていました。

　国が断熱性能の高い家を推奨する方向にあるのであれば、断熱材の需要も高まるに違いない、全国トップならその恩恵も大きいだろうと推測します。

　新聞記事や決算説明資料を見ると、政府は将来さらに省エネ性能が高くエネルギー消費を実質ゼロに近づける**「ZEH（ネット・ゼロ・エネルギー・ハウス）」**を増やす方針ということでした。「ZEH」とは住宅で使う一次エネルギーの年間消費量が概ねゼロの住宅のことで、現在は注文住宅全体の20％程度のようです。

　これが将来義務化されること、そして電気代の高騰を背景として、旺盛な需要は今後も継続しそうだと考えられました。日本アクアの決算説明資料を見ても、

> **「建築物省エネ法」改正法成立が追い風に**

と大きく書かれていました。

　配当性向が50％と高いのも、魅力的です。配当を受け取りながら保有していれば、その間に断熱性能が高い新築住宅が増え、断熱材が売れて日本アクアの業績が伸長し、株価が上昇というストーリーを描くことができます。

　とはいえ、現状の業績を見る限り、右肩上がりではありますが、過去と同じペースの成長が継続していて、これまでになかったレベルでの成長というのは見られていません。投資するなら、ビッグチェンジの兆候が見られたときか、あるいはこの仮説を覆さない理由で株価が急落する場面で狙いたいと思って、ウォッチしています。

日本アクアの四半期業績推移

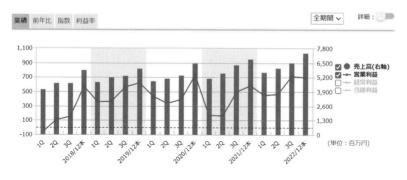

　株価が上がり始める前の安いうちに早めに投資して、配当をもらいながら上昇を待つという手もあるのですが、そんな銘柄にばかり投資していると資金が拘束されてしまいます。こうした「待つ投資」は一部組み入れてもいいのですが、資金効率を重視するなら、ビッグチェンジの兆候が見えてから買うのが効率的です。

チャートには逆張り、
業績には順張りすればだいたいうまくいく

・・・・・・・・・・・・・・・・・・・・・・・・・・・・・・

⑥ニチコン（6996）

配当利回り：2.23％、時価総額：1,052億円、PBR：0.92倍

　ニチコンはTwitterで見つけた銘柄です。投稿していたがっしー会長さん（@badomintonhuhu）は「数倍株を狙う」という僕と同じ視点を持っている人なので、銘柄を参考にすることがあります。

　いつものように銘柄スカウターでどんな企業か、どんな実績の推移なのかを確認します。すると業績はきれいな右肩上がりに伸びていました。

　事業内容を調べてみると、電気自動車や蓄電池に使う部品であるコンデンサの大手メーカーのようです。EV化が急速に進む中で、コンデンサ事業は生産の高度化・自動化を目的とした投資意欲の高まりの恩恵を受けているという点と、PHV（プラグインハイブリッドカー）などの車種拡大に伴い、家庭用蓄電システムや新型急速充電器などに対する需要が拡大しているとのことでした。

　EV化に加え、前述のZEH化という二つの大トレンドに乗っている企業といえそうですが、チャートを見ると株価は上がったり下がったりしていて、業績ほどには伸びていないような印象です。

ニチコンの四半期業績推移

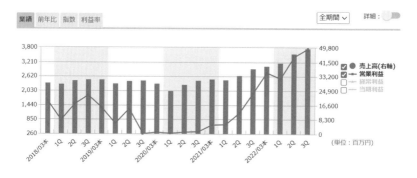

ニチコンの日足チャート

　僕はこういった社会のトレンドに乗っていて、成長する根拠があり、業績には明らかなビッグチェンジが見えているのに、なぜか安く放置されている銘柄は大好物で、こうした銘柄を逆張りで買うことが多くあります。こうした銘柄は後から株価をグングン上げてくる傾向が強いからです。**「チャートには逆張り、業績には順張り」で株を買っていれば、だいたいうまくいく**ものです。

　同社の時価総額は1,000億円を超えており、現状の何倍にもなる株価成長を狙うには規模が大きすぎるきらいはありますが、業績は

右肩上がりで配当も2%超え、電気自動車や蓄電の波に乗っているのに株価が上がっていないという点が気に入って、投資しました。

アクティビストが投資した銘柄には ビッグチェンジが来る？

⑦三ツ星ベルト（5192）

配当利回り：6.11%、時価総額：1,294億円、PBR：1.28倍

三ツ星ベルトを発見したのは、2022年5月に「興味深い内容の『中期経営計画の見直し』を開示した企業がある」とオンラインサロンの会員さんから教えてもらったことがきっかけでした。

確認すると、まず配当金がありえない水準になっているのが目を惹きました。配当性向が100%に達しているのです。先述の通り配当性向とは、会社の最終的な利益である当期純利益のうち、いくらを配当金支払いに向けたかを示す指標ですので、**配当性向が100%ということは、儲けた最終利益の全額を配当支払いに充てることを意味します。**配当利回りも当時の株価水準で8.4%と、こちらも他社ではなかなか見られないレベルになっていました。

しかもこの企業は、工業用や自動車向けのベルト専業メーカーという地味な業種であるにもかかわらず、中期経営計画によると業績は堅調に成長する計画になっていました。何か特別な追い風があるわけでもなさそうですがこれが本当に現実になるのなら、株価は上昇こそすれ、下落するような不安材料も見当たらないため、投資してみようと決めました。

投資した当時、2,564 円だった株価は、約 10 か月で 3,935 円まで上昇しました。株価としては＋ 53%の利益を取れたうえ、その間に高配当も受け取ることができ、二度おいしい投資になりました。

　後から知ったのですが、この株主還元策の裏には、アクティビスト（モノ言う株主）の影響があったようです。2022 年 3 月時点でニッポン・アクティブ・バリュー・ファンドというアクティビストが三ツ星ベルトの株式を 130 万株 3.98%保有し、第 4 位の大株主に躍り出ていました。

　配当性向 100%という株主還元を実施した背景には、大株主になったこのファンドからの圧力があったようでした。

　実際、PBR が 1 倍以下の企業に対して、東京証券取引所が株価水準の改善策を求めるようになったこともあってか、アクティビストが大量保有して株主提案をしたことを機に企業側が配当性向や配当金の水準を見直したり、自社株買いを行ったりするなど株主還元策を強化するケースが近年増えている印象があります。

　そう考えると、アクティビストが大量保有を始めた銘柄をウォッチするというのもひとつの投資アイデアとして面白いかもしれません。アクティビストの大量保有については、効率的に情報収集できるツールが現時点では見つからないのですが、僕の場合は日経新聞の記事で発見したり、Twitter の投稿で見つけることが多いです。

三ツ星ベルトの四半期業績推移

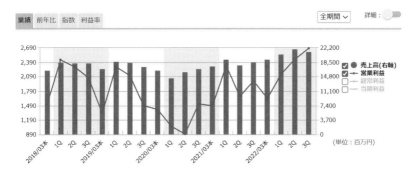

損切りした銘柄にも、リベンジのチャンスはやってくる

⑧オーナンバ（5816）

配当利回り：3%、時価総額：99億円、PBR：0.46倍

　オーナンバはワイヤーハーネス（車載用・照明用・産業機械用）という配線のメーカーです。実は2021年に投資したことがあったのですが、半導体不足による自動車の減産の影響を受けて一度損切りしていました。ところが、2022年7月には業績の上方修正を出すなど上向いてきたので、再度の投資に踏み切った銘柄です。

　上方修正のリリースを見ると、業績が改善した理由として「自動車産業での減産や中国ロックダウンなどの影響を受けるも、新規開拓を図ったこと、製品価格の改定に取り組んだこと、円安だったことなどが功を奏し、営業利益が向上」と書かれていました。

　しかも、このころには自動車減産の原因となっていた半導体不足も解消に向かいつつあったうえ、中国のロックダウンもいずれはなくなると考えられたので、今後も業績には期待できると考えて513円で投資しました。

案の上、好業績は継続し、株価は購入時の513円から826円に61％伸びました。その間にも配当は出ているのでこちらも二度おいしい思いができた投資になりました。

オーナンバの四半期業績推移

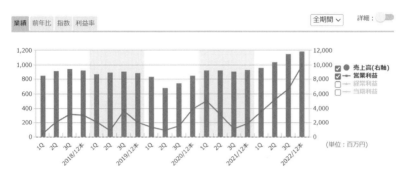

オーナンバの週足チャート

ワラントに押さえつけられていた株価が一気に上昇

⑨藤倉コンポジット（5121）

配当利回り：3.87%、時価総額：242億円、PBR：0.71倍

藤倉コンポジットは2021年の夏に、オンラインサロンの会員さんが銘柄分析を発表してくれたことで知った銘柄です。

藤倉コンポジットの四半期業績推移

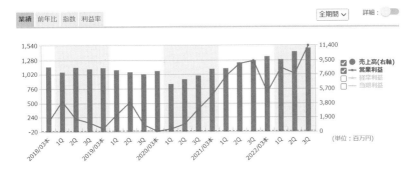

藤倉コンポジットの事業別利益

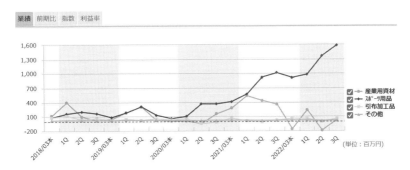

当時はまだコロナ禍の真っ最中で、密を避けるスポーツであるゴルフの人気が高まっていました。藤倉コンポジットは複数の事業を展開しており、そのうちのひとつがゴルフクラブの柄の部分であるシャフトを製造販売するビジネスでした。

　同社のビジネスの中でも、このスポーツ用品事業がほかの部門をぶっちぎって急成長していたのです。同社のシャフトは多くのツアープロに愛用され、主力モデルを中心に好調な販売が続いていたうえ、クラブメーカー向けOEM品への採用も増えているようでした。

　ただ、同社はワラントを発行していました。**ワラント**とは、あらかじめ決められた一定の価格で、発行会社の新株を購入できる新株の予約権で、株価が一定水準まで上昇するとそれを行使して売ろうとする動きが出る傾向があります。それで株価が押さえつけられていたのか、割高な印象はありませんでした。

　ゴルフの人気が続けば今後も好調な業績が継続し、ワラントが解消されたタイミングで株価が伸びるのではないかと仮説を立てました。そこで、ワラント行使価額の下限878円あたりから買っていきました。

　すると思惑通り上昇し、株価が1,096円と約25％利益が乗ってきました。業績が向上しても株価が伸び悩んでいた時期が長かったので、その反動に期待してしばらくホールドを続けようと思っています。

藤倉コンポジットの日足チャート

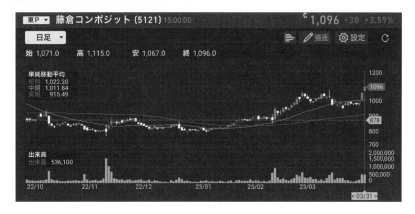

　ただ、新型コロナが5類感染症となり、特別な感染症ではなくなった後でどこまでゴルフブームが継続するかは慎重にウォッチする必要があると感じています。風向きが変われば速やかに利益確定しなければなりません。

保守的な会社計画を出す企業には要注意

⑩旭有機材（4216）

　配当利回り：2.13％、時価総額：557億円、PBR：0.93倍

　旭有機材はプラスチックバルブでグローバルニッチトップにも選出されている企業で、国内のシェアは60％とトップです。

　バルブというと99％が金属製品なのですが、1％だけプラスチックのバルブ市場があるようで、旭有機材はその小さな市場を牛耳っている企業です。プラスチックバルブは、軽い、錆びない、長寿命という特長があり、これが武器になる模様で業績も好調です。

**独占的なシェアを持っていることから価格決定力があり、インフ
レ局面で強気の値上げを行っていることも業績好調の背景にある**よ
うです。特に好採算の半導体向け樹脂バルブが好調に伸びているよ
うでした。

　しかしチャートを見ると、2022年7月に1Q決算が出た直後は
跳ね上がったものの、その後の株価は伸び悩んでいました。次の
2Q決算でも好調な業績は継続していると予想したので、買い場だ
と考え2,300円程度で投資しました。

旭有機材の日足チャート

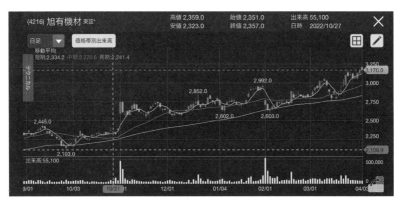

　案の定、その年の10月に発表された2Q決算は上方修正を伴う
内容だったことに加え、それまでになかった水準の高い売上高と営
業利益を計上していました。この決算を受けて株価は上昇、この状
況が継続する間はホールドと決めました。

旭有機材の四半期業績推移

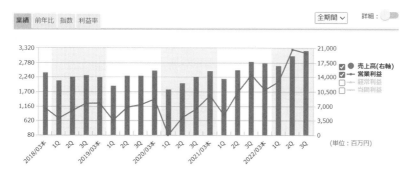

会社四季報のコメントを見ても、「24年3月期も管材の樹脂バルブ好伸し、営業増益」となっているため、もうしばらくは良い状況が継続できると予想しています。

2023年1月には再度の上方修正が発表されましたが、そのコメントの中に「一部地域において半導体製造装置市場の需要のかげりや、半導体デバイスの一部メモリ分野において減速がみられた」という記載があります。**今後の半導体市場の成長がカギとなりそうなので、そのあたりの継続的なウォッチは必須**で、風向きが変われば利益確定をするつもりです。

保守的な業績予想を出す銘柄は、本決算前に利益確定を

この銘柄は3か月の間に二度も上方修正を出していますが、企業によっては4Q（本決算）に次の期の業績予想を出してくる際、やたら保守的な数字を出し、後から上方修正することを繰り返すことがあります。強気の計画を出して後から下方修正を出すよりも、保守的に算出して上方修正するほうが見栄えがいいと考える企業は少なくありません。

確かに業績予想の下方修正は株価が大きく下がる要因ではありま

すが、弱気すぎる予想を発表しても市場はガッカリするので大きく株価が下がるものです。

　計画を保守的に出す傾向が強い企業を保有している場合、新しい期の会社計画を出す本決算発表は十分警戒する必要があります。

　保守的な予想を出す傾向の強い企業かどうかは、銘柄スカウターの「業績予想修正」のタブで業績予想修正の履歴を見ればわかります。

旭有機材の業績予想修正

業績予想修正　対前回修正率　当初予想比較

決算期	日付	予・実	売上高	(対前回)	営業利益	(対前回)	経常利益	(対前回)	当期利益	(対前回)
2018/03	2017/05/15	予	44,000	–	2,200	–	2,100	–	1,500	–
2018/03	2017/07/31	予	44,000	→	2,200	→	2,100	→	1,500	→
2018/03	2017/10/31	予	48,000	↑	3,000	↑	3,000	↑	2,300	↑
2018/03	2018/01/31	予	48,000	→	3,000	→	3,000	→	2,300	→
2018/03	2018/05/15	実	50,174	↑	3,362	↑	3,402	↑	2,785	↑
2019/03	2018/05/15	予	55,000	–	3,500	–	3,500	–	3,200	–
2019/03	2018/07/31	予	57,500	↑	3,900	↑	4,100	↑	3,800	↑
2019/03	2018/10/31	予	57,500	→	3,900	→	4,100	→	3,800	→
2019/03	2019/01/31	予	57,500	→	3,900	→	4,100	→	3,800	→
2019/03	2019/05/15	実	56,083	↓	4,224	↑	4,390	↑	3,902	↑
2020/03	2019/05/15	予	58,000	–	3,700	–	3,900	–	2,900	–
2020/03	2019/07/31	予	58,000	→	3,700	→	3,900	→	2,900	→
2020/03	2019/10/31	予	58,000	→	3,700	→	3,900	→	2,900	→
2020/03	2020/01/31	予	58,000	→	3,700	→	3,900	→	2,900	→
2020/03	2020/05/19	実	56,581	↓	4,368	↑	4,395	↑	3,138	↑
2021/03	2020/07/31	予	54,000	–	2,600	–	2,800	–	2,100	–
2021/03	2020/10/30	予	54,000	→	2,900	↑	3,000	↑	2,250	↑
2021/03	2021/02/12	予	54,000	→	2,900	→	3,000	→	2,250	→
2021/03	2021/05/14	実	53,551	↓	3,404	↑	3,648	↑	2,789	↑
2022/03	2021/05/14	予	58,000	–	3,400	–	3,600	–	2,500	–
2022/03	2021/07/30	予	59,000	↑	4,100	↑	4,200	↑	2,950	↑
2022/03	2021/10/29	予	60,000	↑	4,800	↑	4,950	↑	3,400	↑
2022/03	2022/01/31	予	62,500	↑	5,800	↑	6,000	↑	3,950	↑
2022/03	2022/05/13	実	64,732	↑	6,575	↑	7,012	↑	4,773	↑
2023/03	2022/05/13	予	70,000	–	6,800	–	6,950	–	4,900	–
2023/03	2022/07/29	予	71,500	↑	7,750	↑	8,200	↑	5,700	↑
2023/03	2022/10/31	予	76,000	↑	9,800	↑	10,400	↑	7,100	↑
2023/03	2023/01/31	予	76,000	→	10,300	↑	10,600	↑	7,200	↑

　上方修正の多い企業の場合、期初に予想できなかった追い風が吹くことが多かったのか、それとも単に業績予想を保守的に出す傾向が強いのかを、過去の決算短信のコメントなどを見ながら見極める必要があるでしょう。

保守的な予想を出す傾向の強い銘柄の場合、本決算前は全部でなくとも、ある程度利益確定しておくのが無難です。 万が一にも減益予想を出してくるようなことがあれば、そのタイミングでたたき売られてしまう可能性が高いからです。まだまだ業績が伸びるという仮説が崩れていないのであれば、そのタイミングで買い直してもいいわけです。

社長が好決算を"匂わせ"することもある

⑪NEW ART HOLDINGS（7638）

配当利回り：5.58%、時価総額：298億円、PBR：2.04倍

NEW ART HOLDINGS も Twitter で見かけた銘柄です。「いい数字が出るので期待していろという内容の社長メッセージがサイトに載っている」とつぶやいている人がいたのです。

さっそく企業サイトを見に行くと、「2023年3月期決算及び2024年3月期決算はかなり大きな増収増益が期待できますのでご期待くださいませ」という自信まんまんの社長コメントが掲載されていました。

翌期の業績に自信を持ったコメントをサイトに掲載しているというのはかなり安心感があります。ここまで言うなら、その後に発表される本決算と、次の期の業績予想は相当強そうだと期待が膨らみます。

調べてみると、この会社のビジネスはジュエリーで、中でもジュエリー・アート・オークション事業の業績が好調に推移し、営業利益が伸びているようです。その先も国内と香港でオークション開催

が決まっており、シンガポールでのアートオークションも予定して
いるということでした。こういった情報を決算の前に掲載している
ケースもまれにあるので、このような書き込みを見つけたときは投
資のヒントになります。

NEW ART HOLDINGS の日足チャート

　2022 年 11 月 17 日のコメントから数日経ったところで素直に買
いをいれた後は、上のチャートのように順調に株価は上がっていき
ました。単価 1,443 円で買い付けをして現在は 1,790 円と＋ 24％
と含み益が上がってきています。上記は配当落ち後の株価になりま
すので、さらに配当も入ってくるため二度おいしいです。

NEW ART HOLDINGS の四半期業績推移

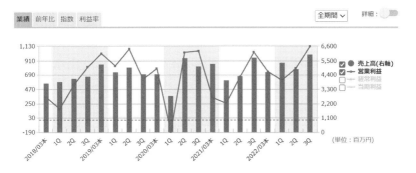

実際に、このコメントの後に発表された 3Q 決算は、社長の自信まんまんのコメント通りの強い数字で、通期の上方修正もセットになっていました。翌期についても強気のコメントが掲載されていたので、本決算も跨いでホールド継続と判断しました。そもそもジュエリーの小売りというビジネスが伸び続けるという印象はありませんが、社長が自信まんまんのコメントを発表しているような特殊な状況下では、比較的安心して持っていることができそうです。

高配当が魅力の自動車部品メーカー

⑫日本特殊陶業（5334）

配当利回り：6%、時価総額：5,592 億円、PBR：0.98 倍

こちらもきっかけはオンラインサロンの会員さんが、「利回りが高く業績が良い」という分析をシェアしてくれた銘柄です。僕は為替の方向を読むのが得意でないため、基本的には為替の影響を強く受ける銘柄は保有しないことにしているのですが、配当利回りが非常に高いうえ PER も 6 倍台と指標的にも割安な銘柄なので注目し

て監視しています。

　日本特殊陶業は自動車部品メーカーで、業績も好調に推移しています。決算説明資料を読むと半導体不足が解消に向かい新車生産が回復してきていることに加え、円安の影響を受けて業績が改善していたことがわかります。

日本特殊陶業の四半期業績推移

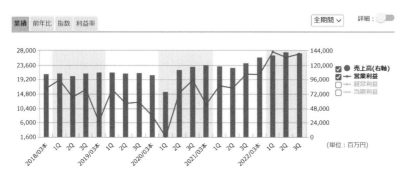

　銘柄スカウターでビジネスの海外売上高構成比を確認すると、79%近くが海外での売上となっています。このため、円安は大きな追い風になりそうです。実際、2023年3月期に大きく営業利益を伸ばしていますが、その多くが為替の影響によるものでした。

日本特殊陶業の海外売上

海外売上高構成

2022/03 I （12か月）	売上高	
	金額	構成比
米国	119,746	24.4%
その他	112,665	22.9%
日本	105,535	21.5%
ドイツ	87,254	17.7%
中国	66,530	13.5%
合計	491,733	–
海外売上高比率	–	78.5%

※金額単位は百万円

海外売上高構成比

米国 24.4 %
その他 22.9 %
日本 21.5 %

このことから、今後を占う際にも自動車生産の回復に加えて、為替相場が大きなカギになります。自動車の生産台数は半導体不足の解消で回復基調と思われますが、**今後は米国の利上げペースが緩み利下げに転じる可能性も指摘されており、そうなれば日本と米国の金利差が縮小し為替が円高方向に進んでいく可能性があります。**

　そのため僕自身は買いをいれていませんが、為替の影響をはねのけるほどの新車生産の回復が見込めるようであれば、有力な投資候補になると考え、監視を続けています。自動車生産台数の推移は先述のマークラインズのサイトで定期的に確認できます。

SDGsの逆を行く化石燃料系銘柄はオワコンなのか

⑬INPEX（1605）（原油、天然ガス）

　配当利回り：4.3%、時価総額：20,703億円、PBR：0.51倍

⑭住石ホールディングス（1514）（石炭）

　配当利回り：1.4%、時価総額：205億円、PBR：1.34倍

⑮三菱商事（8058）（天然ガス、石油、石炭）

　配当利回り：3.74%、時価総額：70,276億円、PBR：0.86倍

⑯三井物産（8031）（天然ガス、石油、石炭）

　配当利回り：3.3%、時価総額：63,146億円、PBR：0.97倍

**　ジョー・バイデン氏が大統領に就任したのを機に、アメリカは一**

気に地球温暖化対策と脱炭素化に舵を切りました。欧州ではそれ以前から温暖化対策には力を入れていましたが、このトレンドは世界的に加速することになりました。

　バイデン大統領の就任当時は、再生可能エネルギー関連銘柄を物色する動きが見られましたが、しばらく経つと、従来型の化石燃料にも注目が集まることになるという、なんとも皮肉な現象が起こっています。

　そもそも**「脱炭素化」**とは、二酸化炭素の排出を抑えて地球温暖化を防ぐため従来型の化石燃料への投資を抑えて再生可能エネルギーの割合を増やそうという動きのことです。これを素直にとらえるなら、エネルギー関連事業者はいずれ使われなくなる原油や石炭の採掘に年単位で投資をするのはやめて、再生可能エネルギーへの投資をしようとするでしょう。

　しかし、**各国が増やそうとしている再生可能エネルギーは、まだまだエネルギー全体に占める割合はわずか**です。

　その一方で、世界のエネルギーの消費量は緩やかに伸びています。その理由は、世界経済が緩やかではあっても成長を続けているからにほかなりません。そして今後も、こうした流れは続くはずです。

　世界の経済が成長すれば、世界が必要とする電力などのエネルギーは増えていくのが自然の流れです。需要の総量が増えているのに、わずかしかない再生可能エネルギーが短期間で化石燃料にとって代わろうというのはさすがに無理があります。

　その結果、エネルギーの供給が追いつかず、皮肉なことに炭素エネルギーが取り合いになって、従来型の化石燃料の価格が上昇し、こうしたエネルギーを扱う企業の業績が上昇するということが実際に起きています。

元お笑い芸人で、何十億円もの資産を株式投資で築き上げている個人投資家の井村俊哉氏や、投資の神様といわれるウォーレン・バフェット氏も、従来型のエネルギー企業に投資をしていますが、おそらくこうした理由からではないかと考えられます。**急ぎすぎる脱炭素は、むしろ資源価格を上昇させると考えているのではないでしょうか。**

　保有する期間にはかなり違いはありますが、お二人の投資スタンスは基本的には同じで、ファンダメンタルズを深く分析して安いタイミングに買って、価格訂正を待つスタイルです。そして、そのスタイルの投資法で大きな成果をあげています。

　再生可能エネルギーの供給が需要にまったく追いついていないこと、そして資源国であるロシアがウクライナ紛争によって世界経済から孤立していること、アメリカの利上げが打ち止めになることが濃厚であることを考えると、**資源価格は再び上昇することは十分考えられると思います。少なくとも、従来型の化石燃料が不要になって、価格がどんどん下がり続けるというシナリオのほうが、考えにくいのではないでしょうか。**

　ちなみに、井村氏は石炭の**住石ホールディングス（1514）**、バフェット氏は**日本の5大商社**と**シェブロン（CVX）**、**オクシデンタル・ペトロリアム（OXY）**、石炭・原油などに投資しています。おそらく、アメリカで懸念されているリセッション（景気後退局面、エネルギー需要の下落要因）についても、短期的なものだと考えているのではないでしょうか。

　僕自身も同じような考えを持っています。こうした化石燃料系の企業は高配当銘柄が多いので、世界経済が成長していくと考えるのであれば、のんびりと配当を受け取りながら保有するのも悪くない

と思っています。

業績が右肩上がりの不動産企業

・・

⑰グローバル・リンク・マネジメント（3486）

配当利回り：4.25％、時価総額：102億円、PBR：1.58倍

グローバル・リンク・マネジメントは不動産業者です。売上高、営業利益の推移を見ると驚くほど順調に右肩上がりです。

グローバル・リンク・マネジメントの通期業績推移

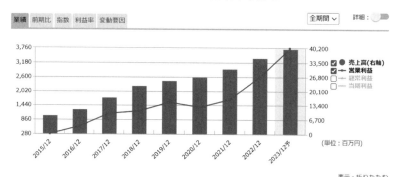

決算期	売上高	（前期比）	営業利益	（前期比）	経常利益	（前期比）	当期利益	（前期比）	EPS	BPS
2015/12	8,682	－%	282	－%	296	－%	166	－%	20.9円	98.2円
2016/12	11,605	33.7%	596	111.3%	529	78.7%	328	97.6%	41.2円	139.9円
2017/12	17,167	47.9%	1,108	85.9%	1,092	106.4%	696	112.2%	87.4円	299.5円
2018/12	22,644	31.9%	1,209	9.1%	1,132	3.7%	755	8.5%	94.8円	386.6円
2019/12	25,086	10.8%	1,564	29.4%	1,364	20.5%	867	14.8%	108.9円	484.0円
2020/12	26,840	7.0%	1,365	-12.7%	1,028	-24.6%	686	-20.9%	86.2円	562.5円
2021/12	30,675	14.3%	1,677	22.9%	1,487	44.7%	1,423	107.4%	178.7円	657.6円
2022/12	35,673	16.3%	2,610	55.6%	2,278	53.2%	1,458	2.5%	183.1円	808.7円
2023/12予	40,000	12.1%	3,750	43.7%	3,300	44.9%	2,100	44.0%	263.8円	－円

営業利益の予想が37.5億円であるのに対し、知った当時の時価総額が102億円と、PERが4.7倍ほどしかない非常に割安な状態でした。

しかも決算説明資料を確認すると、2023年12月期は、期初に会社計画を発表する段階で、中期経営計画で定めた販売計画を上回る販売契約を既に完了しており、次の期となる2024年12月期についても販売目標の達成を既に見込むと記載されていました。なので、今走っている進行期と次の期の目標数値の達成の可能性は相当高いと思われました。

　ただ、2023年12月期の業績見通しを詳しく見ると、その期の売上高・営業利益は2Qと4Qに偏重する見込みと記載されています。こういうときはすぐに買う必要はなく、2Q決算が発表される前に買って保有しておけば十分でしょう。あまり業績が良くないであろう1Q決算が発表され、前年同期比より業績が悪いと判断されて株価が下落するようなことがあれば、買いチャンスになりそうです。

　リスクとしては**政策金利の上昇**があります。**不動産の購入や投資には借り入れが不可欠であるため、金利の上昇は不動産価格に対してネガティブな影響を及ぼす**からです。日銀の植田新総裁の采配次第では、株価が下がることもあり得ると思います。金利に強く影響される業種に投資する場合は、日銀の金融政策や総裁の発言、姿勢には敏感になっておく必要があります。

　そうはいっても、同社の配当性向は30%もあるので、もしM&Aなどの大きな投資を実行せずに純利益が増えれば増配も濃厚です。今期も来期も販売がほとんど完了しているわけですから、かなり高い確率で増配が見込めそうで、より一段魅力が増すことも期待されます。

アフターコロナの労働力不足が追い風になりそうな人材銘柄

⑱キャリアデザインセンター（2410）

配当利回り：2.45%、時価総額：144億円、PBR：3.4倍

　キャリアデザインセンターは人材系の企業です。総合転職サイト「type」を主力に「女の転職type」による求人情報の提供、人材紹介、IT人材派遣を展開しており、アフターコロナの求人需要が回復し、賃上げの動きも活発化する中で、追い風に乗っている企業といえそうです。

　IRに問い合わせた人から聞いた話によると、季節の偏重性は特にないという返答を得たそうです。そうすると、直近1Qに出た数字が今後も継続すると仮定すれば、1Qの営業利益4.76億円×4＝19.04億円と、この期の業績予想の13億円を遥かに超える数字になります。

キャリアデザインセンターの四半期業績推移

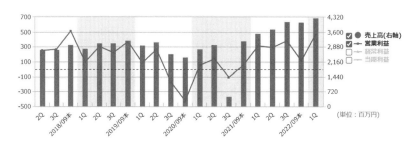

日本ではIT人材の人手不足は常態化しているうえ、サービス業なども人手不足が目立ってきています。そんな中なので求人は今後も活況を呈するのでは、という仮説を立ててホールドしています。

自分が気に入っている
商品・サービスの提供企業にも注目

⑲ GMOメディア（6180）

配当利回り：3.91％、時価総額：34億円、PBR：1.51倍

この銘柄は、僕自身が**「くまポン」**というアプリを使ってヒゲ脱毛などのクーポンをゲットしていたことから、このアプリはどこが運営しているんだろうと調べて知った企業です。「くまポン」はヒゲ脱毛やダーマペンといった美容医療をオトクに受けられるクーポンサイトです。このサイトを使わずに施術を受けるなんて考えられないくらい、安く受けられるので大変気に入っています。

運営しているGMOメディアは、GMOインターネットグループの傘下企業で、時価総額もまだ小さな企業であることがわかりました。業績はまずまず、配当利回りも高めで、悪くない印象です。

決算説明資料を見ると、「くまポン」だけでなく、別のクーポンサイト**「キレイパス」**とプログラミングスクール検索サイト**「コエテコ」**が、成長中のサービスであることがわかりました。

中期経営計画を見ても、次の2024年12月期も成長を続け、過去最高となる営業利益5.1億円を予想しています。2023年12月期は3.8億円の予想なので成長率は34％。**このスピード感の成長が**

継続するのであれば、割高感はないと思います。

　気長に配当を貰いながら、気づいたら株価も上がっているという
状態を期待して保有を続けています。

第7章

投資家なら絶対に
知っておきたい
「次にくるトレンド」と
注目銘柄

未来を読むための情報収集

どんなに成長期待が大きい銘柄に出会っても、社会の動きやニーズがわかっていないとその価値に気づくことができません。**お宝銘柄を見つけるためには、銘柄発掘と並行して、世の中の流れを把握するための情報収集が不可欠**です。

そうはいっても、銘柄分析に比べれば、大した手間ではありません。具体的には、以下の3つの方法を駆使できれば、十分だと考えています。

---

1. 新聞を読む
2. Twitter を調べる
3. ググる

直近のニュースやトレンド、人々の関心事を随時チェックしておくのはもちろんですが、中長期的に日本や世界がどんな方向に向かっていくのかという視点を持っておくことがとても重要です。

たとえば、今年や翌年は日本や世界でどんなことが起こる年なのか、どんな変化や法改正があるのか、大きなイベントはあるか、といったことをあらかじめ把握しておくことで、銘柄を発見し見極める力をさらにアップさせることが可能です。

こうした中長期的なスケジュールを把握するには、普段の新聞チェックでも十分可能ではあります。**効率的に情報収集するなら、年末に発売される経済誌や週刊誌などを入手することをおすすめ**します。「2024 大予測」などといったタイトルで、翌年に予定される主なイベントについて特集が組まれているからです。それによって社

会がどう変化していく可能性があるのかといった点が、識者による
予想をまじえてまとめられています。

　2023年から2024年にかけて、株式投資のチャンスにつながりそ
うなイベントとして、僕は以下の動きに注目しています。

```
2023年
春以降　　アフターコロナの経済回復、訪日外国人の増加
4月以降　植田和男氏日銀新総裁の舵取り
　　　　　今後の日銀の金融政策正常化
6月以降　原子力発電所の再稼働
9月　　　ラグビーW杯
10月　　消費税のインボイス制度導入

2024年
1月以降　米国のリセッション（景気後退）に要警戒
4月　　　2024年問題
```

　こうした中長期的なトレンドやイベントを把握したうえで、これ
らを具体的な銘柄選択につなげるにはどうするべきでしょうか。

　一番簡単なのは、それぞれのテーマでメリットになりそうな企業
を有報キャッチャーや会社四季報オンラインで検索する方法です。
　たとえば、直近の有望なトレンドのひとつに、アフターコロナが
あります。このアフターコロナに対して、幅広いテーマや業種が関
連してきます。ぱっと思いつくものを挙げただけでも、以下のよう
なものが考えられます。

1. 旅行（インバウンド含め）、ホテル、鉄道、空運、予約システム
2. 冠婚葬祭
3. アパレル、百貨店
4. お酒、ナイトワーク
5. 飲食業
6. カジノ（海外）
7. ライブ、パーティイベント、スポーツ、テーマパーク
8. ジム
9. オフィス
10. 化粧品
11. 求人、人材
12. 中国人観光客の爆買い

インバウンドはこれから投資しても遅くはない

「インバウンド銘柄を今から買うのは遅いのではないか」と考える人もいるかもしれませんが、僕は全然そんなことはないと思っています。

　なぜならコロナ前は、日本の観光産業は数少ない成長産業であり、訪日外国人の増加によって右肩上がりに市場が拡大していたからです。コロナ禍でいったんは大きく下げてしまいましたが、元々あったポテンシャルが消えたわけではないので、コロナの影響がなくなれば再度成長路線に戻れる可能性は十分あると考えています。

　訪日観光客数の推移を見ても、コロナ前は右肩上がりで成長していました。直近は新型コロナが5類に引き下げられたことで、ま

るで特需のような盛り上がりがありますが、再度この右肩上がりでの成長に復帰すれば、関連する産業が受ける恩恵は極めて大きくなるはずです。

年別 訪日外客数の推移

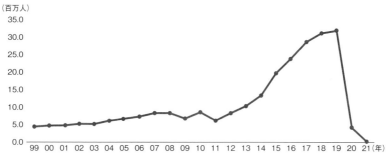

出典：日本政府観光局（JNTO）
(https://www.jnto.go.jp/statistics/data/visitors-statistics/pdf/marketingdata_outbound.pdf）を加工して作成

　コロナ前の訪日観光客で最も多かったのは、中国から訪れる人たちです。コロナ禍の中国人観光客に対しては他国よりも厳しい水際対策が適用されたために訪日客の回復が遅れましたが、旅行中の消費額が特に大きい彼らが戻ってくることで、インバウンドはまた一段と盛り上がりが期待できます。

国籍・地域別の訪日外国人旅行消費額と構成比

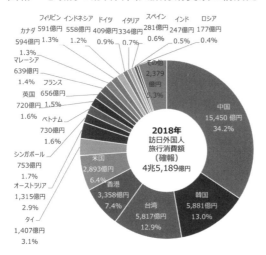

出典：観光庁ホームページ
(https://www.mlit.go.jp/common/001283138.pdf)

　ホテルや百貨店はもちろんのこと、旅行代理店、鉄道、旅行予約システム、ドラッグストアや家電量販店などにも注目すべきだと思っています。

　中国人は日本製品に絶大な信頼を寄せていますが、中国で売っている日本製品に対しては偽物であることを疑う傾向が強いそうです。そこで、来日したときにここぞとばかりに日本製品を爆買いする傾向があります。

　爆買いの定番として多いのが、家電製品（炊飯器など）、医薬品（風邪薬や目薬など）、魔法瓶、美容化粧品（化粧水、美容パックなど）、衛生用品など、日常生活でよく使うものたちです。そう考えるとドラッグストア銘柄や外国人に人気の高いドン・キホーテ（パン・パシフィック・インターナショナルホールディングス）など**小売業の銘柄にも注目すべき**だと思います。

　飲食業についてもインバウンドの視点が欠かせません。最近は刺

身や寿司を抑えて、ラーメンの人気が高まっていることもあり、僕自身は**飲食業のなかでもラーメン店銘柄に注目**しています。

一風堂を運営している**力の源HD**（P90）はそういった視点でも、まだ保有しようと考えています。

旅行予約システム銘柄にも注目しています。たとえば、**tripla（5136）やアドベンチャー（6030）**などです。

ホテルなども業績回復が鮮明な企業は多くあるので、銘柄スカウターなどで四半期の業績推移を眺めながら、回復が著しい銘柄をチェックしておくのもいいでしょう。

短期的な値動きはさまざまな要因に左右されますが、**産業自体が大きく成長しているので、銘柄をしっかり選べば比較的安心感の強いテーマ**だと考えています。

日銀の金融政策正常化で恩恵を受ける業種とは

2023年以降の株式投資で注意しておきたいのは、日銀の政策転換の可能性です。日銀はこれまで、黒田東彦前総裁のもと長く金融緩和を行ってきました。金融緩和はあまりにも長く実施されてきたので、僕たちは現在の低金利が当たり前のように感じてしまっていますが、本来は景気を上向かせるための特別な措置です。2023年春に就任した植田和男新総裁のもとでは、金融政策がいよいよ正常化される方向性にあると考えています。

現に植田新総裁は、これまで実質的に長期金利上昇を阻止してきた**YCC（イールドカーブ・コントロール）政策**の弊害を認める発言をしており、方向性としては「金融緩和は継続するが、徐々に正常化していく必要がある」というスタンスになると思われます。

タイミングはわかりませんが、いずれ YCC は撤廃され、日銀が10年債利回りを人為的に抑え込むということはなくなるのではないか、と思われます。

　そうなると日本でも実質的な利上げが行われることになります。**利上げになればそのメリットを受ける業種は金融業**です。なぜなら銀行は、預金者から預かったお金を事業者に貸し、金利収入を得ているので、金利が上がれば貸し出す際の金利も上がり、利ザヤ（金利差による利益）が増えるからです。このため、中長期的には銀行や保険という業種は注目に値すると考えています。

　しかし、金利と国債価格は逆相関の関係があるので、金利が上がれば国債の価格が下がる点には要注意です。銀行の多くは国債を保有しており、その額が大きいと金利上昇による利ザヤの儲けより、国債の含み損による損失のほうが大きくなってしまうケースも考えられます。

　このため、投資を検討するならその金融機関がどの程度国債を保有しているかは確認しておく必要があります。開示資料を見てもわからない場合は、IR に直接、「金利の上昇は国債の値下がりにつながると思いますが、総じて御行にとってプラスになることでしょうか？」と聞いてみてもいいでしょう。

　また、金利上昇がデメリットとなる業種もあります。金利が上がれば大きな買い物が控えられるため、たとえば**不動産関連については安心して保有するのは難しい**と思っています。

原発の再稼働で電力会社の魅力は高まるか

　近年、ウクライナ紛争などによる資源価格の高騰や、円安の進行で電気料金が高騰しています。さらに、日本の全発電電力量の大きな割合を占める火力発電所の休廃止が相次ぎ、電力の需給がひっ迫していることも問題視されています。

　各地域の電力会社は上場しており、東日本大震災の前までは、高配当で安定した投資先として個人投資家から高い人気を集めていました。しかし、東日本大震災による原発事故で東京電力ホールディングスの株価が暴落しました。ほかの電力会社でも火力発電への代替を進めたことで燃料費負担が増え、業績は悪化しました。

　政府は震災以来、原発の新増設・建て替えを想定しないとしてきましたが、電力需給のひっ迫を受けて政策を転換し、今ある原発の建て替えや次世代革新炉の開発・建設に取り組むことを掲げています。

　直近で注目したい動きは、今ある原発の再稼働です。岸田総理はエネルギーの安定供給について、「できるだけ可能な原子力発電所は動かしていきたい」と発言しており、各電力会社の原発の再稼働が期待されています。

各電力会社の原発再稼働の許可状況

許可						
東北電力(株)	東京電力(株)		関西電力(株)		中国電力(株)	日本原子力発電(株)
女川 2	柏崎刈羽 6	柏崎刈羽 7	高浜 1	高浜 2	島根 2	東海第二

　既に再稼働の許可がおりているのが、女川（東北電力）、柏崎刈

羽（東京電力）、高浜（関西電力）、島根（中国電力）、東海第二（日本原子力発電）の各原発です。

　関西電力（9503）では、高浜 1 号機と 2 号機で 2023 年 6 月と 7 月に運転を再開させる計画でしたが、必要な認可が得られずに延期になりました。とはいえ、再稼働は時間の問題と思われるので、そろそろ期待買いをしてもよいタイミングに来ているかと思われます。なお関西電力は配当利回りも 3.82％程度と高配当銘柄でもあり、株価の下支えも効くと期待されます。

　一方、**東京電力ホールディングス（9501）**は柏崎刈羽 7 号機を 2023 年 10 月、6 号機を 25 年 4 月に再稼働を見込んでいます。先送りになる可能性もありますが、その時期の 2 か月前ぐらいになったら、徐々に仕込んでいくのがひとつの投資アイデアかと思われます。ただし、東京電力は今のところ無配で、配当の魅力はありません。

ラグビーW杯で関連銘柄の急騰はあるか

大規模なスポーツイベントで日本代表が活躍すると、関連企業の株価が急上昇するケースが見られます。2023 年 3 月のワールドベースボールクラシック（WBC）で侍ジャパンが優勝した際も、**ミズノ（8022）**などの株価が盛り上がりました。

　2019 年 10 月に日本で開催されたラグビー W 杯では、日本代表が初のベスト 8 に進出した快進撃を覚えている人も多いのではないでしょうか。当時は海外から訪れたサポーターが滞在先の日本各地で予想を上回る量のビールを消費したため、大会スポンサーではない日本のビールメーカーの株価まで上昇するような現象が見られ

ました。

そして、その次となるW杯が2023年9月から10月にかけてフランスで開催されます。ここで日本代表が活躍すれば関連銘柄に資金が入り、急騰する可能性はあります。**開催の1〜2か月前ぐらいからウォッチしておき、下げているタイミングを見計らって仕込んでおくのもいいかもしれません。**

関連銘柄を探すには、会社四季報オンラインや有報キャッチャーが役立ちます。検索窓に「ラグビー」などと入力して探した結果、ラグビー日本代表のユニフォームを作っていそうな**ゴールドウイン（8111）**という企業を発見しました。

開示資料を見ると、2022年1月に、過去20年以上にわたり日本代表ジャージのサプライヤーをつとめてきたカンタベリーオブニュージーランドジャパンという会社を、吸収合併したことがわかりました。

そこで、ラグビー日本代表が盛り上がれば、一時的にゴールドウインの株価も盛り上がるかも、という仮説を立てることもできます。しかしこの場合、それだけで業績が大きく押し上げられるわけではなく、一時的な盛り上がりに過ぎないことに注意が必要です。**日本が勝って株が上がったタイミングに売却するのが鉄則です。**上がっていないときに買っておく投資にはそれほど大きなリスクはありませんが、市場が注目し始めて大きな盛り上がりを見せてきて、どんどん上がってから買うのは非常にハイリスクな投資になるので十分注意してください。

インボイス制度の導入は株価にどの程度影響するか

2023年10月に**インボイス制度**がスタートします。インボイスは請求書という意味で、従来の請求書に登録番号や税率・税額を追加した「**適格請求書（インボイス）**」を導入するしくみです。この制度の導入後は、事業者が消費税を納付する際に、仕入先等が発行するインボイスがないと仕入税額控除が受けられなくなります。

インボイス制度導入の目的は、取引の正確な消費税額と消費税率を把握することです。2019年10月より消費税の軽減税率が導入され、仕入税額の中に8%のものと10%のものが混在するようになりました。正しい消費税の納税額を算出するために、商品ごとの価格と税率が記載された書類を保存することになったのです。

簡単に言うと、「払った消費税が8%なのか10%なのかがわかりづらいからハッキリ明記してください、そうでないと不利益になることもありますよ」というように制度が変更されたということです。

制度が始まると、税額の計算方法も変わったり、請求書を出したりもらったりする事務が複雑になり、企業の経理業務が煩雑になると考えられます。そこで、この制度変更によりメリットが生まれそうな企業がないかを、会社四季報オンラインで検索してみました。

するとインボイス制度が追い風になりそうな企業が数社、ヒットしました。帳票・文書管理ソフトの**ウイングアーク1st（4432）**などが追い風となっており、この制度の恩恵を受けそうだと推測できます。こちらも下がったタイミングで仕込んでおいて、インボイス制度の導入で盛り上がるタイミングが来たり、業績が良くなった決算が出たりしたときに、株価が上昇したら売却をするという流れがよさそうです。

物流業界の「2024年問題」で恩恵を受ける銘柄は

　これから2024年4月にかけては、「**2024年問題**」に注目です。耳慣れないキーワードかもしれませんが、これは働き方改革関連法により自動車運転業務や建設業務などの年間時間外労働時間の上限が規制されることによって発生する問題を指す言葉です。

　たとえばこれまでトラックドライバーの労働環境は、長時間労働の慢性化という課題を抱えていました。少子化で若手の確保が難しくなっていたところに、ドライバーの高齢化とEC市場の急成長によって、長時間労働が常態化する深刻な事態に陥っているようです。

　そこで、ドライバーの残業時間に上限を設ける働き方改革の一環として、労働基準法が改正されました。これにより**慢性化していた物流の人手不足は、いっそう深刻化する**ことが予想されています。運送会社は省人化や自動化、省力化に舵を切らなければ生き残りが難しいので、こうした物流改革をサポートできるサービスや製品が恩恵を受けそうです。

　恩恵を受けそうな企業を探すには有報キャッチャーで「2024年問題」と検索すると、いくつもの企業がヒットします。僕はその中で、配送業務を効率化するパレットの貸出業務を行っている**ユーピーアール（7065）**に投資していますが、ほかにも期待できそうな銘柄がありそうです。

　建設業界も時間外労働の上限が決められてしまうことから労働力不足が予想されます。そういった観点から僕は建設業に特化した人材派遣会社である**コプロ・ホールディングス（7059）**もマークしています。

2024年以降は
米国のリセッション（景気後退）に要警戒

　米国では 2022 年、急速に進行したインフレに対応する形で、中央銀行である FRB が急激な利上げを継続していました。しかし、その動きに対応できなかった金融機関の破綻が相次いだことから、米政府は国内の銀行に対していざというときに現金化しやすい運用対象の割合を増やすように規制をかけていこうとする流れにあります。

　銀行は手元にある程度の現金や現金化しやすい資産を置いておかなければならなくなるので、その分企業への貸し出しが細ることになります。そうなるとお金を借りられなくなった事業者が、倒産や廃業に追い込まれることも考えられます。**この流れはまさに景気の山から景気後退局面へと移り変わるときの典型的なプロセスのひとつ**でもあります。

　このほかにも、景気後退の前兆と考えられるシグナルは複数見られています。

1. 長短金利差の逆転

　いつでも引き出せる普通預金より、一定期間拘束される定期預金のほうが金利は高いことからもわかる通り、国債も普通は期間の長いもののほうが短い国債よりも利回りが高いものです。しかし、それが逆転して短い国債の利回りが長い国債の利回りを上回る現象を「逆イールド」といいます。

　過去の例を見ると、長短の金利差が逆転する「逆イールド」が起こってから、約１年〜１年半後には必ずリセッション入りしています。

急激な政策金利の引き上げなどによって、2023年の春の時点で、この逆イールドが発生しています。今回もこれまでの法則通りになるとすれば、2024年の春から秋にかけてリセッション入りしてもおかしくないことになります。

2. 原油価格の高騰→下落

高騰していた原油価格が下がるのも、リセッションのシグナルです。原油価格が上昇すると家計が圧迫され、購買力が下がるからです。特にアメリカでは個人消費が景気に与える影響が強く、家計が圧迫されると景気には非常にネガティブです。

3. 金利の急上昇

前述した通り、米国では2022年に急激な利上げを実施しましたが、過去を顧みれば、金利が急上昇すると決まってリセッションが起きています。特に今回はゼロ金利から急激に5%程度まで上昇しました。

これらのことを考え合わせると、**僕は近い将来米国がリセッション入りする確率は100%に近いと考えています。時期としては恐らく2024年以降になるのではないでしょうか。**米国の景気が後退すれば当然、米国の株価にはネガティブですし、「米国がくしゃみをすると日本が風邪をひく」と言われるように、日本株も敏感に反応します。

こういったタイミングでは、ある程度利益確定をしておいて、現金の割合を多くしておき、大きく下がったタイミングで買えるようにしておくのも重要です。

大トレンドは頭に入れておく

　ここまで紹介したもの以外にも、株式市場に影響を与えそうなテーマはたくさんありますし、新しいテーマも次々に生まれています。日々のニュースなどをチェックしながら、投資チャンスをどんどんものにしてほしいと思います。

　小さめのテーマであれば、投資チャンスも短い期間で終わりますが、この先何年も続くであろう大きなトレンドは今後も大きな投資機会につながるでしょう。今わかっている大トレンドは、以下のようなものがあります。

---

1. 少子高齢化：人手不足、高齢化率の高まり
2. デジタル化：DX、AI、IoT、自動化、ロボット化、IT人材の不足、フィンテック、キャッシュレス
3. 地球温暖化：脱炭素、自然エネルギー、電気自動車（EV）
4. 先端技術化：5G、6G、ドローン、宇宙、ビッグデータ、VR・AR・仮想現実（メタバース）

　このあたりの大トレンドは、この先も不可逆的な成長トレンドを進んでいくはずです。これらの大きなトレンドの波に乗れる銘柄の中から、投資候補をピックアップするという方法も、銘柄選定を楽にしてくれると思います。

　それぞれの市場の年平均成長率（CAGR）の予測は、ネット検索でも調べられるので、興味あるテーマを調べてみるのもいいかもしれません。

　たとえばEVであれば、CAGRが23％で2030年には市場規模が

2022年の5倍以上になると予想されています。こういった流れを把握したうえで、EVに必要な部品を製造している企業や、特別な技術を持つ企業の中からお宝を探すという方法もあります。

　また、ここまで大きな流れではないものの、中ぐらいのトレンドとして、**隠れた成長産業であるスポーツや「PBR1倍割れ企業」というテーマにも注目**しています。先述の通りPBR1倍割れの企業に対しては、東証が株価水準を改善するための具体策を開示するよう要求するという流れがあり、それに対応する企業の中には大化けする銘柄が出てくることを期待しています。

　中小レベルのトレンドや注目テーマは、新しいものが登場したり陳腐化したりするペースも速いので、常にアンテナを張って意識しておきましょう。

おわりに

　僕は株が本当に好きでした。それなのに、全然勝つことができずに、もがき苦しみました。

　努力を惜しまない覚悟はあっても、何をどう頑張ればいいのかまるでわからず、途方に暮れる日々を過ごしました。

　雑誌やネットで情報収集すると一見役立ちそうな知識はたくさん見つかるのですが、どれも断片的で、結局どんな行動をすればいいのかがわからなくて、試しては負けるを繰り返しずいぶんと遠回りをしました。

　僕は幸運にも、そんな暗闇を這いつくばるような日々から抜け出し、投資で結果を出せるようになりました。それでも、うまくいかない期間が長かった分、うまくいかずに悩む人やあきらめてやめてしまう人の気持ちはよく理解できます。

　だからこそ、自分の投資が軌道に乗って自信を持てるようになったら、かつての僕のように利益を出せずにもがき苦しむ人の助けになることができないか、とずっと思っていました。

　今回、縁あって絶好のチャンスをいただき、昔の自分に伝えるつもりで書いたのが、この本です。過去の自分が欲しかった情報を体系的にまとめて、この通りに実践すれば勝てるようになると胸を張って言える本を完成させることができました。

　本書で紹介しているプロセスをコツコツと実践すれば、誰でも投資力は日に日に向上し、お宝銘柄を見つけられるようになります。こうして得た株式投資のスキルは、一生あなたを助けてくれるでし

ょう。

　しかしその一方で、仕事や家庭で忙しく、こうした作業をする時間を取れないという人もいるでしょう。僕は現在、専業の個人投資家として業績が上がるシグナル、株価が上昇する根拠を発信している企業はないか、毎日、目を皿のようにして調べています。忙しい人に向けて僕が調査・分析した情報をシェアする活動をしています。

　個別株投資はラクラクでもカンタンでもありませんが、コツコツと正しい努力を継続すれば必ずうまくなります。投資で成功する人が増えれば、個人が豊かになるのはもちろん、世の中をより良くする企業に必要なお金が回り、社会も豊かになります。

　儲けたいという気持ちはなんら恥ずべきものではなく、回り回ってそれが社会への貢献になるのです。株式投資を通じて、一人でも多くの人が夢を実現できる社会になるよう心から祈っています。

　2023 年 8 月
　かぶカブキ

著者紹介

かぶカブキ

◎元証券マンの個人投資家。投資歴15年。1年11か月で自己資産17.5倍に増やし（元手94万円→1,646万円）、現在も資産を増やし続けている。

◎大学卒業後にIT関連企業で営業指導の部長を経て、証券会社に就職。ディーラーや営業の経験を通じて、専門的な知識がなくても株式投資で成功するための企業分析と大化け銘柄の発掘方法を確立。

◎現在はサラリーマンを引退して独立。毎月500人以上に投資術をわかりやすく言語化して指導。

◎Twitter（@kabu_kabuki）は7.7万フォロワー。※2023年7月時点

◎趣味は筋トレ。お気に入りは大胸筋。

決算書3分速読から見つける10倍株ときどき50倍株
2年で資産を17.5倍に増やした元証券マンの投資術

2023年8月23日　初版発行

著者／かぶカブキ

発行者／山下　直久

発行／株式会社KADOKAWA
〒102-8177　東京都千代田区富士見2-13-3
電話　0570-002-301（ナビダイヤル）

印刷所／大日本印刷株式会社

製本所／大日本印刷株式会社

●お問い合わせ
https://www.kadokawa.co.jp/（「お問い合わせ」へお進みください）
※内容によっては、お答えできない場合があります。
※サポートは日本国内のみとさせていただきます。
※Japanese text only

定価はカバーに表示してあります。